Barbara Büchner
Irrlicht
Im Bannkreis der Sekte

Verlag St. Gabriel

2. Auflage 1994

Alle Rechte vorbehalten
Copyright © 1993 by Verlag St. Gabriel, Mödling - Wien
Schutzumschlag von Bernhard Förth
ISBN 3-85264-411-9
Printed in Hungary

Hütet euch vor den falschen Propheten; sie kommen zu euch wie (harmlose) Schafe, in Wirklichkeit aber sind sie reißende Wölfe. An ihren Früchten werdet ihr sie erkennen. Erntet man etwa von Dornen Trauben oder von Disteln Feigen? Jeder gute Baum bringt gute Früchte hervor, ein schlechter Baum aber schlechte. (Matthäus 7, 15-17)

Entführt

»Lätitia!«
Letty öffnete einen Moment lang verschlafen die Augen und kniff sie gleich wieder zusammen. Obwohl es erst halb sieben Uhr morgens war, schien die Sonne bereits heiß und hell. Ein breiter Strahl drang durch die Kronen der Platanen, die das Haus beschatteten, und fiel genau auf ihr Gesicht. Sie rieb sich die Nase mit dem Handrücken, um nicht niesen zu müssen.

»Lätitia!« Am Morgen klang Traudes Stimme immer zweimal so blechern wie sonst - wie die Lautsprecher am Bahnhof, die die Passagiere zum Einsteigen aufforderten. »Bitte, steh jetzt endlich auf! Oder willst du den ganzen Tag verschlafen? Heute ist Zeugnisverteilung, vergiß das nicht!«

»Ich komme schon.« Letty kroch widerwillig unter der Decke hervor. Ein paar Sekunden lang saß sie auf dem Bettrand und kämmte ihre langen Haare mit den Fingern durch. Ihr Kopf fühlte sich dumpf an, als würde sie bald Kopfweh bekommen. Wie jeden Morgen ärgerte sie sich, daß Traude sie »Lätitia« rief. Wie das klang! Wie die Namen auf den Täfelchen, die im Botanischen Garten vor irgendwelchen wunderlichen tropischen Gewächsen standen! Es war genaugenommen nicht Traudes Schuld, daß Letty einen so ausgefallenen Namen hatte - den hatte Mutter ihr gegeben, nachdem sie mit Begeisterung die Lebensgeschichte einer Heiligen gelesen hatte -, aber wenn Traude den Namen aussprach, klang er aus irgendeinem Grund noch altmodischer und seltsamer als sonst. Wahrscheinlich deshalb, weil Letty und Traude einander nicht ausstehen konnten.

»Lää-tii-tii-aaa!«

Sie sprang auf und stürzte zur Tür. »Ich komme!« brüllte sie in jähem Zorn die Treppe hinunter. »Bin ja schon wach!«

»Wird auch Zeit!« schallte Traudes Stimme von unten herauf. »Und wie wäre es, wenn du den Morgen mit einem etwas freundlicheren Gesicht begrüßt?« fuhr sie fort, als Letty die Treppe herunterkam. »Ich weiß nicht, was mit dir los ist, mußt du mit deinen vierzehn Jahren dahergeschlurft kommen wie ein verbittertes altes Weib? Heb doch wenigstens die Füße beim Gehen!«

Letty schlug die Badezimmertür hinter sich zu. Jetzt hatte sie Kopfweh. Ihre Gliedmaßen kamen ihr plötzlich erschreckend lang und schwer vor. Sobald sie nervös wurde, fing sie an, Dinge umzustoßen, und prompt klirrte einer der kleinen Cremetiegel zu Boden. Sie bückte sich hastig und hob ihn auf, rannte aber dabei so heftig mit der Hüfte gegen den Waschtisch, daß sie einen schmerzlichen Aufschrei erstickte. Sie wußte selbst nicht, wie es geschah. Manchmal kam es ihr fast so vor, als würden ihre Arme und Beine ganz von selbst länger und kürzer, ohne daß sie sie kontrollieren konnte. Ihr Spiegelbild verschwamm ihr vor den Augen, während sie sich wusch. Egal, sie sah es ohnehin nicht gerne an. Nichts an ihr schien attraktiv zu sein. Schlaffes, hellblondes Haar. Topfenweiße Haut. Millionen orangegelber Sommersprossentüpfelchen. Blaßgrüne Augen, die immer entweder dumm oder frech oder wie beleidigte Leberwurst dreinsahen - meinte jedenfalls Traude.

Letty wusch sich, kämmte das schnittlauchgerade Haar, das ihr weit über die Schultern hing, zog Rock und Bluse an. Während sie die Schuhe zuschnürte, blickte sie durch die Verandatür in den Garten hinaus. Es war schon am frühen Morgen so heiß, daß vorsichtige Leute die Jalousien an den Fenstern schlossen und rasch noch einmal ihre Rasenflächen und Blumenbeete gossen, um sie vor der Mittagshitze zu schützen. Die Gärten rundum dampften wie Regenwälder. Morgen begannen die Ferien. Eigentlich ein Grund, gut aufgelegt zu sein, vor allem, da Letty wußte, daß sie ein gutes Zeugnis bekam. Trotzdem drohte der Tag einfach scheußlich zu werden.

Vati war nicht da, der war schon am frühen Morgen nach Barcelona geflogen. Geschäftsreise. Vati war meistens auf Geschäftsreise. Vielleicht war Traude deshalb so oft schlecht gelaunt, dachte Letty.

Auf dem Korridor draußen blieb sie ein paar Sekunden lang stehen, lauschte nach allen Richtungen und öffnete dann eine der cremefarbenen Türen. Lautlos trat sie in das Zimmer dahinter und schloß die Tür hinter sich.

Es war halbdunkel darin, und die schweren grauen Samtvorhänge vor der Fenstertür waren seit dem Tag, an dem Evelyne Rehbeck ihre Koffer gepackt und ihre Familie verlassen hatte, geschlossen. Die Luft war stickig und schal, und Letty atmete tief durch, während sie sich umblickte. Der Raum war vornehm eingerichtet: Ein breites Bett mit gold-grau gewürfelter Tagesdecke stand darin, ein zierlicher Damenschreibtisch, eine Sitzgarnitur. Auf dem Couchtisch davor glitzerte ein großer Bergkristall, daneben lagen ein Glockenspiel und eine tibetische Klangschale. An den Wänden hingen viele Bilder, zumeist Aquarelle in süßlichen Farben, die Lettys Vater als »speigrün und regenwurmrosa« bezeichnete. Es waren hübsche, ein wenig kindliche Bilder von bunten Regenbögen, Blumen, Elfchen und Zwergen. Dem Bett gegenüber an der Wand hing ein Bild ganz anderer Art. Das fast lebensgroße Ölgemälde stellte eine schwebende Lichtgestalt dar, einen bleichen, bärtigen Mann, der seinen Mantel um eine Schar ebenfalls schwebender Gestalten breitete. Unter seinen Füßen drängelte sich ein dunkles Knäuel abstoßender Figuren, die Affen oder Trollen viel ähnlicher sahen als Menschen. Letty fühlte sich unbehaglich, als sie es betrachtete. Es sah billigen Heiligenbildern ähnlich, und der Mann sollte wohl Jesus sein, aber er gefiel Letty nicht. Sein Gesicht war so bläulich-blaß wie das eines Toten, und unter seinem weichen Oberlippenbart versteckte sich ein eigentümliches Lächeln.Letty schluckte, und dann wandte sie sich plötzlich um und floh geradezu aus dem halbdunklen Zimmer.

Auf dem Korridor draußen blieb sie tief atmend stehen, die Hand auf das klopfende Herz gepreßt. *Es ist Muttis Zimmer, und ich bin hineingegangen, weil ich Sehnsucht nach ihr habe,* sagte sie sich selbst. Aber es half nichts. Sie hatte wiederum Angst bekommen. Sie bekam immer Angst, wenn sie dieses verlassene Zimmer betrat.

Das Frühstückszimmer wirkte ungemütlich leer, wie die Zimmer in einem Hotel, in dem niemand wohnen will. Letty schlang ihre Tasse Kaffee und ein halbes Butterbrot hinunter, hängte die Tasche über die Schulter und trabte los. Als sie den Summer am Gartentor drückte und die Klinke einschnappen ließ, hatte sie noch keine Ahnung, wie lange es dauern würde, bis sie die Villa unter den Platanen wiedersah - und daß sie vorher die schlimmsten Tage ihres Lebens durchmachen würde.

Die zweistündige Abschlußfeier vor der Zeugnisverteilung verging in tödlicher Langeweile. Letty saß mit schmerzendem Kopf da, hörte dem Vortrag des Schuldirektors und dem Gesang des Schulchors zu und versuchte sich vorzustellen, wie die nächsten beiden Monate aussehen würden. Sie könnte Schaufensterbummel mit Traude machen, hatte ihr Vater gemeint. Letty hatte nicht die geringste Lust dazu. Traude pflegte bei fast jedem Kleid zu sagen: »Das kannst du nicht tragen, du wirkst ohnehin schon so plump.« Oder sie sagte: »Die Farbe sähe ja ganz hübsch aus - wenn du bloß nicht so dicke Oberarme hättest!« Oder: »Nein, wirklich, Letty - du mußt deine X-Beine nicht noch *betonen!*«

Letty seufzte schwer. Das dumme daran war, daß Traude nicht einmal log. Letty hatte tatsächlich X-Beine. Genauer gesagt: Wenn sie so dastand, wie sie meistens dastand, die Füße vor Verlegenheit nach innen gedreht und den Bauch vorgeschoben, dann hatte sie X-Beine. Bei den dicken Oberarmen war sie nicht ganz sicher. Christian hatte gesagt, sie habe ordentliche Armmuskeln für ein junges Mädchen. Er hatte sie auch nicht *plump* genannt, sondern *athletisch*. Und er hatte (jedenfalls, seit er erwachsen war) nicht mehr darüber gelacht, daß ihre zarte helle Stimme beim Sprechen ein wenig lispelte und sie seinen Namen Kriß-zian aussprach. Obwohl er ihr Bruder war, hatte er meistens nette Dinge zu ihr gesagt - was große Brüder sonst nur selten taten. Schade, daß sie ihn jetzt kaum noch sah. Er war mit Mutti fortgegangen ... Mutti und Christian und seine Freundin Terry waren jetzt eine Familie, und Vati und Traude und Letty waren eine andere Familie, und an allem waren die Leute von PLUS LUCIS schuld.

Letty wischte sich die Hände mit einem Kölnisch-Wasser-Tüchlein ab und knüllte es zwischen den Fingern zu einem formlosen, fusseligen Fetzchen zusammen. Ihr Kopfschmerz wurde plötzlich so heftig, als hackte jemand auf ihrem Schädel herum.

Endlich läutete die Schulglocke. Letty rannte mit den anderen hinaus. Die meisten lachten und lärmten vor Vorfreude auf die Ferienmonate, nur ein paar, die schlechte Zeugnisse hatten und zu Hause Ärger erwarteten, sahen trübsinnig und mißmutig drein. Viele Schüler wurden abgeholt. Ihre Eltern warteten bereits mit den für die Ferienreise vollgepackten Autos. Letty stand blinzelnd unter dem grauen steinernen Bogen des Schultors und überlegte eben, ob sie sich noch rasch ein Eis kaufen sollte, bevor sie sich auf den Heimweg machte, als jemand die Hand auf ihre Schulter legte.

Sie fuhr erschrocken herum, und dann schrie sie in heller Freude auf.

»Christian!«

»Hallo, ›kleine‹ Schwester.« Dabei hielt er die flache Hand über ihren Scheitel. Letty reichte ihm fast bis zur Schulter, obwohl Christian Rehbeck mit seinen 21 Jahren ein großer und sportlicher junger Mann war. Seltsam, dachte Letty. Sie sahen einander sehr ähnlich, das wußte sie, aber sie bildete sich ein, bei Christian sehe alles gut aus, was bei ihr schlecht aussah, das blonde Haar (das sich bei ihm mehr lockte als bei ihr), die farblose Haut, die hellen Augen - sogar die Sommersprossen, die seinen Nasenrücken tüpfelten. Da nützte es auch nichts, wenn hin und wieder jemand sagte, sie sei schon genauso hübsch wie ihr großer Bruder. Letty glaubte es nicht.

Er beugte sich vor und küßte sie auf beide Wangen. »Wollen wir uns schnell und heimlich ein Eis kaufen, bevor deine Hauspolizei etwas merkt?«

Letty lachte, wischte sich aber gleichzeitig mit dem Handrücken über die nassen Augen. Sie freute sich so sehr, ihn wiederzusehen, aber unwillkürlich fing sie sofort an, nach allen Richtungen zu schielen, ob nicht an irgendeiner Straßenecke Bekannte auftauchten, oder gar Traude selbst oder Vati - und wie fremd Christian aussah, so ganz in Weiß gekleidet, sogar weiße Schuhe hatte er an! Seit er zu PLUS LUCIS gegangen war, hatte sie ihn immer nur in Weiß gesehen, genau wie Mutti und Terry. Wie Hochzeitsgäste sahen sie aus, wenn sie beisammenstanden, vor allem Terry, die ihre dünnen Arme und Beine gerne in Kleidern mit Puffärmeln und bauschigen Röcken versteckte.

»Ich dachte, du darfst kein Eis mehr essen«, sagte Letty.

Christian kniff eines seiner bläulichgrünen Augen zu. »Heute mache ich eine Ausnahme. Komm.« Er faßte mit einer Hand nach ihrer Schultasche, die er sich über die Schulter warf, und ergriff mit der anderen ihren Arm. »Hei hopp! Wir gehen da rüber.« Dabei wies er mit dem Kinn auf ein Kaffeehaus, dessen bunte Sonnenblenden eben über der Terrasse ausgerollt wurden. Oleander blühte in großen Holzfässern und bildete eine künstliche Hecke um die knallgelben Tische und Stühle.

Letty zögerte einen Augenblick. Wenn sie später als gewöhnlich heimkam, würde Traude ihr Vorwürfe machen ..., aber da hatte Christian sie schon an der Hand gefaßt und zog sie hinüber in den Schatten der Kaffeeterrasse, und bevor sie noch überlegen konnte, hatte er sie an einen ruhigen Tisch im Winkel bugsiert und eine Tasse Kaffee für sich und einen Eisbecher mit Soda für sie bestellt. Dann streckte er lachend die Hand aus. »Und jetzt laß einmal dein Zeugnis ansehen ..., hast du wieder mal den höchsten Intelligenzquotient in der Klasse?«

Sie grinste verlegen. »Das nicht, aber ... ja, es ist ganz gut geworden.« Sie reichte ihm den Briefumschlag und sah voll Stolz zu, wie er ihr Zeugnis las und anerkennend die Brauen hochzog. »Wie geht's denn Terry?« fragte sie dann höflich. Sie mochte Terry nicht besonders, sie mochte überhaupt keine Frauen, die Christian heiraten wollten. Also hatte sie sich angewöhnt, ihn bei jeder Begegnung schnell zu fragen, wie es um Terry stand, und dann so zu tun, als gäbe es sie nicht.

»Es geht ihr etwas besser. Sie erholt sich.« Christian blickte von seiner Kaffeetasse auf. Einen Augenblick lang grub sich eine scharfe Kummerfalte in seine Stirn, dann entspannte sich sein Gesicht in einem schwachen Lächeln. »Sie hat sogar ein bißchen zugenommen. Dieses Magnetlicht, weißt du ..., ich war mir anfangs selbst nicht sicher, wie das funktionieren soll, aber ... es geht ihr tatsächlich besser. Eindeutig besser.«

»Fein«, sagte Letty und bemühte sich um ein herzliches Lächeln.

»Sie macht jetzt zwei Behandlungen am Tag ... « Christian redete weiter, aber Letty hatte bereits das Interesse verloren. Sie hatte ihre Pflicht getan und war höflich gewesen, mehr wollte sie gar nicht wissen. Woran das Mädchen eigentlich erkrankt war, wußte sie nicht, aber es war ein ziemlich abstoßendes Leiden - Terry war nur noch Haut und Knochen und roch unangenehm, und ihre Hände waren immer eiskalt und klamm. Letty war froh, daß sie kaum etwas mit ihr zu tun hatte.

Sie hörte erst wieder hin, als Christian sagte: »Wir sind jetzt auf dem Land, in einem schönen Haus, das PLUS LUCIS gehört.«

»Du und Terry?«

»Nein, nicht nur wir, Mutti ist auch bei uns. Und der größte Teil von den Leuten der Gemeinschaft. Wir wollen den Sommer in freier Natur genießen, weißt du - weit weg von der Stadt mit ihrem Gestank und Schmutz und der ganzen Hektik. Und dort, wo wir sind, ist es herrlich, einfach herrlich.«

Letty trank ihr Soda und nickte höflich. Die Leute von PLUS LUCIS schienen andauernd umzuziehen - kaum hatten sie sich irgendwo niedergelassen, entdeckten sie schlechte Strahlen oder etwas ähnlich Unerfreuliches und suchten erschrocken nach einem neuen Heim. Aber jetzt war Ferienzeit, da war es verständlich, daß sie aufs Land zogen.

»Was macht Vatis Neuerwerbung?« fragte Christian, als er feststellte, daß seine Schwester ihm kaum noch zuhörte.

Letty zuckte die Achseln. »Immer dasselbe.«

»Liegt sie immer noch den ganzen Tag auf dem Sofa und telefoniert?«

»So ziemlich.«

»Sie steht dir wohl bis hierher, was?« Christian begleitete seine Frage mit einer Geste. Als sie keine Antwort gab, fragte er eindringlich: »Was ist denn los mit dir?«

Letty schluckte. Sie hatte seine Frage nicht beantwortet, weil ihr hundert Antworten zugleich einfielen. Sie wußte gar nicht, wo anfangen, und sie wußte aus Erfahrung, daß sie dann wie närrisch herumstotterte und sich lächerlich machte. Also sagte sie einfach: »Ich habe fürchterlich Kopfweh. Ich kann kaum denken.«

Er sah sie besorgt an. Dann machte er plötzlich ein ganz sonderbares Gesicht, als sei ihm eben etwas Wichtiges eingefallen. Seine Mundwinkel zuckten nervös. Er kramte in seiner Tasche und schob ihr eine

Tablette zu.«»Da, nimm das«, sagte er, während er das Glas Wasser, das mit seinem Kaffee serviert worden war, hinterherschob. »Dann kriegst du wieder einen klaren Kopf.«

Letty betrachtete die Tablette unsicher. »Ist die nicht zu stark?«

»Nein, sicher nicht. Die kannst du kleinen Kindern geben. Jetzt komm schon, tu nicht rum. Ex und hopp.«

Sie gehorchte, ein wenig erschrocken über seinen plötzlichen barschen Kommandoton. Die Tablette schmeckte metallisch bitter, und sie trank hastig ein halbes Glas Wasser nach, um den Geschmack loszuwerden.

»Super.« Christian lächelte übers ganze Gesicht, als hätte sie eine besonders tolle Leistung erbracht, indem sie eine ganze Tablette auf einmal schluckte. »Keine Angst, von einmal wirst du nicht medikamentensüchtig ... du hast auch schon Schiß vor allem, was Chemie heißt, was? Das hast du von Mutti. ›Setz dich niemals unter Drogen, Kind, auch wenn sie Arzneimittel genannt werden.‹«

Letty nickte zustimmend, wechselte aber das Thema. »Geht's Mutti gut?«

Jetzt war er derjenige, der eine einsilbige Antwort gab. »Ja, alles in Ordnung. Sie sieht ein bißchen fremd aus, seit sie sich die Haare nicht mehr färbt. Ich hab sie immer nur kupferrot gekannt, und jetzt ist sie plötzlich ganz gewöhnlich braun. - Möchtest du noch was trinken? Limonade? Cola?« Als Letty zustimmend nickte, stand er auf. »Ich hol dir was.«

Sie blickte ihm nach, wie er quer über die Terrasse

ging und in der dunklen Kühle des Cafés verschwand. Es war angenehm, dachte sie, daß er diesmal nicht in einem fort von Magnetlicht und Reinigungssitzungen und himmlischen Botschaften schwatzte ... gelegentlich war er ihr damit ziemlich auf die Nerven gegangen. Es war fast so schlimm wie früher, wo er andauernd nur vom Segeln und Surfen geredet hatte. Sie wünschte sich, er würde über ganz alltägliche Dinge mit ihr reden, beispielsweise über den jungen Hund der Nachbarin, der nicht ins Haus der Rehbecks durfte, weil er die Teppiche zerbiß.

Diesmal sah es tatsächlich so aus, als sollte dieser Wunsch sich erfüllen. Christian wirkte zwar nicht übermäßig interessiert, als Letty vorsichtig begann, über den Hund zu reden, aber wenigstens fing er nicht sofort wieder von den himmlischen Botschaften an. Er sagte, es sei dasselbe Theater gewesen, als er selbst noch ein kleiner Junge gewesen war. Hunde ruinieren die Teppiche! Hunde kläffen, wenn Vati seine Ruhe braucht! Hunde lassen Haare auf den kostbaren Sofas! »Das einzige Haustier, das Vati dulden würde, wäre ein Märchenesel, der Geld scheißt«, sagte er und lachte - ein übellauniges Lachen, das sein Gesicht verzerrte. »Komm, trink deine Limonade aus, ich bringe dich mit dem Wagen heim.«

»Ich wußte gar nicht, daß du einen Wagen hast«, sagte Letty erstaunt. »Wann hast du ihn gekauft?« Dann fiel ihr ein, daß ihr Bruder im Augenblick gar nichts kaufen konnte - jedenfalls nichts so Teures wie einen Wagen -, weil er kein Geld hatte. Er bekam keine Unterhaltszahlungen mehr. Letty hatte ihren Vater sagen gehört, Christian könne ja drum beten, daß

Manna vom Himmel falle, er jedenfalls schmeiße diesen Seelenfängern kein Geld in den Rachen.

»Geliehen hab ich ihn«, antwortete Christian kurz. »Komm, Tüpfel.«

Letty spürte, daß sie rot wurde. »Tüpfel« hatte er sie immer genannt, als sie noch sehr klein gewesen war. Sie hatte es gerne gehört, aber jetzt war sie doch schon zu groß dafür. Sie stand hastig auf - wobei sie mit einer ihrer linkischen Bewegungen so heftig den Tisch rammte, daß sie die leeren Flaschen umwarf - und folgte ihm ins Freie hinaus.

Sein Wagen stand eine Gasse weiter, wo man ihn von der Schule aus nicht sofort sah. Einen Augenblick fuhr es Letty durch den Kopf, daß er ihn von einem sehr reichen Freund geborgt haben mußte, es war ein langer, cremefarbener Sportwagen mit nur zwei Sitzen. »Ich werd' verrückt! Der ist ja super!« rief sie aus, aber Christian nahm ihre Begeisterung nicht zur Kenntnis. Er winkte ihr ungeduldig, einzusteigen, und machte erst wieder ein freundliches Gesicht, als sie sich neben ihn auf den hellen Ledersitz zwängte und die Tür zuschlug. Der Wagen roch nach neuem Leder und heißem Metall. Letty fühlte, wie ein leises Frösteln sie überlief - vielleicht von der Aufregung, vielleicht von etwas anderem. Ihr Kopfschmerz war ein wenig besser geworden, aber sie fühlte sich dumpf und müde. Sie nahm sich vor, daheim sofort zu duschen und sich bei geschlossenen Jalousien in ihrem Zimmer niederzulegen. Kühle grüne Dunkelheit ... das war es, was sie jetzt am meisten brauchte. Sie blinzelte.

Christian startete, und der Sportwagen schoß die

lange Straße entlang. Die Alleebäume zu beiden Seiten verschwammen zu grünen Laubwänden. Letty spürte, wie ihr Kopf von einer Seite zur anderen wackelte. Sie fühlte sich plötzlich zum Umfallen müde. Fremde Häuserzeilen jagten an ihr vorbei, eine große Fabrik, die sie noch nie gesehen hatte, eine Autobahnauffahrt mit blinkenden orange Warnlämpchen, die im Mittagssonnenlicht seltsam aussahen.

»Wo fährst du denn hin?« fragte sie mit schwerer Zunge. »Hier war ich noch nie.«

Christian lächelte sie an, aber sein Lächeln sah aus, als blickte sie in einen zerbrochenen Spiegel. »Ich mach's dem Auto zuliebe, weißt du - so ein Wagen muß fahren, wie ein Hund rennen muß, sonst ist er todunglücklich.«

»Glaubst du wirklich, daß Autos unglücklich sein können?« fragte Letty. Ihr Bruder gab Antwort, aber es hörte sich an, als wären ihre Ohren mit Watte verstopft, sie mußte heftig den Kopf schütteln, so unangenehm war das dumpfe Gefühl, das sich jetzt auch über ihre Stirn und ihren Nacken ausbreitete ... so unangenehm wie die Injektion, die man vor dem Zähneziehen verabreicht bekam.

»... müde«, murmelte sie.

Christian griff nach seiner weißen Leinenjacke, die er zum Chauffieren ausgezogen hatte, und warf sie ihr zu. »Leg dich drunter und mach heia. Ich bring dich nach Hause.«

Letty lehnte sich im Sitz zurück und zog sich die Jacke über den Kopf. Das plötzliche Dunkel tat ihr gut. Der Stoff roch angenehm nach Christian, nach Räucherstäbchen und nach Seife. Ihr Kopfweh war noch da, aber es brummte dumpf und harmlos in ihrem Hinterkopf herum, der sich wie ein zu fest gestopftes Kissen anfühlte. Sie schloß die Augen, und fast im selben Moment schlief sie ein.

Als sie aufwachte, war es dunkel um sie. Es mußte tief in der Nacht sein, denn die Dunkelheit war still, nur vom sanften Rauschen großer Baumkronen erfüllt. Irgendwo stand ein Fenster offen. Die Luft war warm, aber ganz frisch. Sie roch nach einem großen Garten oder einem Wald. Letty fühlte sich schwer wie Blei. Sie tastete mit einer Hand um sich - ihre Finger sanken in Bettzeug, rauhweiche, mit Überzügen bezogene Decken. Dann spürte sie ein Bettgestell, glattes, poliertes Holz.

Ich bin nicht zu Hause, dachte Letty. *Ich bin irgendwo anders ... aber wo?*

Der Gedanke erschreckte sie nicht einmal. Ihr Kopf war nicht in Ordnung, die Gedanken schienen auszurinnen wie Wasser durch ein Sieb. Sie fühlte sich so schwer und dumpf, daß sie keinen anderen Wunsch hatte, als sich auf die andere Seite zu drehen und wieder tief einzuschlafen. Sie merkte jetzt, daß andere Menschen im selben Raum mit ihr schliefen ... jemand hüstelte, jemand drehte sich unruhig von einer Seite auf die andere. Jemand murmelte, offenbar halb im Traum, einen Vers aus einem Lied vor sich hin.

Draußen begann es sanft zu regnen, und das gleichförmige Geplätscher schläferte Letty ein. Sie kroch tief unter die Decken, rollte sich ein und schlief.

PLUS LUCIS*

Als Letty am Morgen erwachte, spürte sie, daß sie in den Armen einer Frau lag. Sie schlug die Augen auf und blinzelte. Sie fühlte sich wohl, aber merkwürdig leicht, als schwebte sie über dem Boden, und ihr Kopf brummte, als hätte sie zu lange in der Sonne gelegen. Im Augenblick wußte sie weder, wo sie sich befand, noch wie sie dorthin gekommen war.

»Mutti!« flüsterte sie, ebenso verwirrt wie entzückt.

Es war einige Monate her, seit sie ihre Mutter zuletzt gesehen hatte, und einen Augenblick erschien sie ihr fremd - wie Christian gesagt hatte, färbte sie ihr Haar nicht mehr, und die langen braunen Locken sahen ganz ungewohnt aus.

Evelyne Rehbeck strich ihrer Tochter zärtlich das Haar aus der Stirn. »Mein Lämmchen.«

Letty schloß die Augen rasch wieder. Sie freute sich, ihre Mutter wiederzusehen, aber sie wurde nicht gerne »Lämmchen« genannt. Als sie die Augen schloß, wurde ihr einen Moment lang schwindlig, und sie klammerte sich an ihrer Mutter fest. »Mir ist so komisch«, murmelte sie.

---

* PLUS LUCIS lateinisch: „Mehr Licht"

»Du hast ja auch noch gar nicht gefrühstückt. Komm, auf!« Sie stützte Letty mit einer Hand und half ihr aufstehen. »Wir müssen uns beeilen, sonst ist kein Frühstück mehr da.«

Letty merkte erst jetzt, daß sie in den Kleidern geschlafen hatte. Sie trug immer noch ihren blauen Hosenrock und die helle Bluse. Nur ihre Schuhe standen vor dem fremden Bett. Sie war froh, daß ihre Mutter ihr den Arm um die Hüfte legte und sie stützte, als sie aufstand. Ihr war zumute, als sei ihr Kopf einen Kilometer von ihren Füßen entfernt, sie schlurfte und stolperte dahin, und sie hatte Mühe, klar zu sehen, ihre Augen waren verklebt, als hätte sie im Schlaf geweint. Nur undeutlich nahm sie einen großen, freundlichen Raum wahr, an dessen Längswänden eines neben dem anderen niedrige Betten standen. Der Walt-Disney-Film »Schneewittchen und die sieben Zwerge« fiel ihr ein. Da waren auch so viele kleine Bettchen Seite an Seite gestanden. Sie lachte in sich hinein.

An der entfernten Stirnwand des Schlafsaals befand sich ein großes, fächerförmiges Fenster. Eine Hälfte stand offen, und sie konnte die Kronen alter Bäume sehen, auf denen das Sonnenlicht glänzte. Draußen mußte ein herrlicher Tag sein. Der Gedanke ermunterte sie. Sie schüttelte sich, um den Schlaf loszuwerden, der zäh an ihr hing. Wann hatte sie zuletzt so tief und fest geschlafen? Die letzten vierundzwanzig Stunden schienen ein einziges kohlschwarzes Loch zu sein. Nur bruchstückweise fiel ihr alles wieder ein: Christian - der weiße Sportwagen - das fremde Zimmer -

Sie blieb stehen. »Mutti, wo bin ich da überhaupt?«

»Du bist bei uns, Lämmchen.« Ihre Mutter drängte

sie vorwärts. »Und jetzt komm, es ist nicht recht, zu spät zum Frühstück zu kommen.«

»Aber Vati - und Traude -«

»Das ist schon in Ordnung. Alles ist in Ordnung. Jetzt komm.«

Letty wollte noch weiterfragen, aber als sie den Schlafsaal verließen, kamen sie an eine ziemlich steile Treppe aus rotem Holz, und sie mußte alle ihre fünf Sinne zusammennehmen, um sicher die Stufen hinunterzusteigen. Meine Güte, dachte sie, wieso bin ich bloß so benebelt? In ihrem Kopf rauschte es, und jeder Gedanke, den sie anfangen wollte, verlor sich irgendwo in einem bunten Wirbel. Sie klammerte sich mit einer Hand ans Geländer, mit der anderen an ihre Mutter und stieg vorsichtig eine Treppenstufe um die andere hinunter. Verschwommene Bilder tauchten vor ihr auf: ein großer Raum, in dem ein Kokosläufer lag, ein Speisesaal wie in einem Hotel, ein Tisch, an dem Terry saß. Sie war von Kopf bis Fuß in Weiß gekleidet und sah nicht mehr ganz so schlecht aus, wie Letty sie von ihrer letzten Begegnung her in Erinnerung hatte, aber sie war immer noch erschreckend mager, und ihr Gesicht war bleich wie Mauertünche und glänzte fettig. Ein blondes Mädchen mit Brille saß am selben Tisch. Sie war vielleicht sechzehn oder siebzehn Jahre alt.

Letty nickte Terry hastig zu und sagte »Hey«, wobei sie insgeheim hoffte, Terry würde ihr nicht die Hand geben. Sie schauderte jedesmal, wenn die junge Frau ihre Hand mit feuchtkalten, schwächlichen Fingern umschloß. Zu ihrer Erleichterung nickte Terry ihr nur freundlich lächelnd zu und aß weiter an ihrem Müsli.

»Das ist Eva. Ich hoffe, ihr beide werdet euch gut verstehen«, sagte Evelyne Rehbeck und wies auf das blonde Mädchen mit der Brille.

»Hallo, Letty«, sagte Eva und umarmte sie. Letty machte sich steif. Das Mädchen lächelte und setzte sich wieder. Irgend jemand brachte das Frühstück - Cornflakes mit heißer Milch, ein Brötchen, Butter.

»Kann ich Kaffee haben?« fragte Letty. Vielleicht würde eine Tasse starker Kaffee sie aufwecken. Ihr war zumute, als hätte sie einen Stockschnupfen.

»Hier brauchen wir keinen Kaffee«, sagte das blonde Mädchen lächelnd. »Den brauchen nur Leute, die sich künstlich aufputschen müssen. Wir tragen die Kraft in uns.«

Letty beugte sich über ihren Teller mit Cornflakes. Sie mußte an Traude denken. Bei Traude gab es jedenfalls Kaffee am Morgen - Espresso. Sie erinnerte sich daran, wie ihre Eltern sich früher immer beim Frühstück gezankt hatten, weil ihr Vater Kaffee trank und ihre Mutter es ihm abgewöhnen wollte.

Einen Herzinfarkt wirst du dir holen, wenn du in aller Morgenfrühe schon das Giftzeug in dich hineinschüttest.

In meinem Haus bestimme ich, was auf den Tisch kommt.

»Hallo, Tüpfel«, sagte Christians Stimme an ihrer Seite. Sie hatte gar nicht bemerkt, daß er sich ihnen angeschlossen hatte. »Wie sieht's aus, möchtest du nach dem Frühstück Boot fahren?«

»Kommt Terry mit?« fragte sie argwöhnisch.

»Nein. Nur wir beide.« Er beugte sich über Terry und strich zärtlich über ihr dickes, kräftig gelocktes messingfarbenes Haar. »Hast du nach dem Frühstück wieder Behandlung, Liebes?«

Sie nickte und streichelte mit einer zerbrechlichen Hand seine Finger. »Ja. Ich freue mich schon darauf. - Fahr nur mit deinem Bruder, Letty.«

Letty rieb sich die Augen. Das war ja zu schön, um wahr zu sein! Sie löffelte hastig ihre Cornflakes aus dem Teller. In ihrem Hinterkopf dröhnte das Gefühl, daß irgend etwas nicht stimmte - absolut nicht stimmte -, aber da waren Christian und Mutti, und vor den hohen, offenen Fenstern des Speisesaals leuchtete ein grüngoldener Sommertag, sie hatte Ferien, und sie würden Boot fahren gehen ... *Es ist alles in Ordnung*, hatte ihre Mutter gesagt.

Christian legte den Arm um ihre Schultern und zog sie an sich, während sie durch den langen Raum auf die Tür zugingen. Sie traten in eine Halle, dann durch eine große doppelte Eingangstür ins Freie, und Letty stieß einen leisen Schrei der Verwunderung und des Entzückens aus. Es war wunderschön hier!

Sie drehte den Kopf nach hinten, um das Gebäude zu betrachten, das sie eben verlassen hatten. Es war riesig - ein langer, steingrüner Kasten mit offenen Arkadengängen und zwei zierlichen Türmchen an beiden Enden. Dann wandte sie den Kopf in die andere Richtung und blickte in einen Park mit offenen Rasenflächen und Gebüschen und hohen alten Bäumen. Die Rasenflächen fielen in sanften Böschungen zu einem künstlich angelegten See ab, an dessen Ufer ein paar Boote vertäut lagen. Kein Mensch war zu sehen außer einem Hausarbeiter im grauen Arbeitskittel, einem hageren jungen Mann mit strubbeligem Haarschopf, der Abfalleimer in eine Tonne leerte. Er pfiff munter vor sich hin, während er mit den gummibehandschuhten Händen die übelriechenden Müllreste aus dem Eimer putzte. Als er Letty sah, lächelte er sie an, wobei er eine Zahnlücke im Oberkiefer entblößte, und sie erwiderte das Lächeln flüchtig.

Christian bemerkte es und gab ihr einen kleinen, gereizten Schubser. »Laß das ... « Und dem Arbeiter rief er ärgerlich zu: »Beeilen Sie sich mal lieber, statt hier rumzugrinsen!« Letty starrte ihn an, verblüfft und ärgerlich. Sie fand es gemein, wie er den Mann behandelt hatte, der doch nur freundlich gewesen war -, aber Christian schob sie vorwärts. »Na komm. Jetzt haben wir den ganzen See für uns.« Sie gingen einen mit weißem Kies bestreuten Weg entlang. Kein Mensch war zu sehen. Unten am See löste Christian eines der beiden Boote vom Landesteg, half Letty hinein und stieß mit den Rudern ab. Das Boot glitt langsam aufs Wasser hinaus. Der See war klein und vermutlich nicht sehr tief, und in seiner Mitte erhob sich eine Insel mit Felstürmen und einer Grotte, über die ein kleiner Wasserfall herabfiel. Letty blickte sich nach allen Seiten um. Sie glaubte zu träumen. Jetzt, wo sie gefrühstückt hatte, war ihr längst nicht mehr so schwindlig wie am Morgen, sie fühlte sich nur ein bißchen leicht und leer im Kopf, und ihre Gedanken huschten wie Schmetterlinge herum. Sie hatte Mühe, einen dieser Schmetterlingsgedanken einzufangen und auszusprechen.

»Christian, Vati wird toben.«

Ihr Bruder zuckte die Achseln. »Das bringt Mutti schon in Ordnung. Ich meine, sie ist deine Mutter, sie ist genauso erziehungsberechtigt wie er. Vergiß nicht, die beiden sind nicht geschieden. Vor dem Gesetz hat Mutti genauso zu bestimmen wie er. Wenn sie sagt, du kannst hier sein, dann kannst du hier sein, und Vati kann gar nichts dagegen tun. - Außerdem«, fügte er nach einer kurzen Pause hinzu, »ist er gar nicht da, sondern in Barcelona.«

»Aber -«

Christian zog die beiden Ruder so schwungvoll zurück, daß Letty mit Wasser bespritzt wurde. »Jetzt hör schon auf mit deinem Wenn und Aber! Ist es deine Schuld, daß Vati und Mutti sich nicht vertragen? Laß sie das untereinander ausmachen. Ich meine, wenn Vati was nicht paßt, dann wird er's Mutti sagen, halt du dich da raus.«

»Schrei mich doch nicht gleich an.«

»Schon gut, Tüpfel ...« Er begann wieder zu rudern. Seine Stimme klang gekränkt. »Es ist bloß ... ich wollt' dir eine schöne Überraschung bereiten, und du nervst mich damit, was Vati denkt. Mir ist egal, was er denkt. Den interessieren doch sowieso weder du noch ich. Das einzige, was er im Kopf hat, sind seine blödsinnigen Flugzeuge und sein Geld.«

Letty gelang es, einen weiteren Schmetterling einzufangen. »Ich hab das gar nicht richtig mitgekriegt ... ich meine, erst waren wir im Café und dann ... ich bin eingeschlafen -«

Ihr Bruder lachte. Sein Gesicht sah sehr hübsch aus, als seine finstere Miene verflog und seine Augen fröhlich aufleuchteten. »Ja, und ich hab nicht das Herz gehabt, dich aufzuwecken, du hast so selig geduselt. Also haben Mutti und ich dich hübsch säuberlich ins

Bettchen gelegt und gewartet, was du für ein Gesicht machst, wenn du aufwachst. - Warte einmal.« Er griff in seine Jackentasche und reichte ihr ein halbes trockenes Brötchen. »Hinter der Insel sind Schwäne. Willst du sie füttern?«

»Ja, klar.«

Im Schatten der Insel war das Wasser goldgrün gefleckt, und es war kühler als auf dem offenen, sonnenbeschienenen See. Letty fütterte die Schwäne, die gierig herbeikamen, als sie das Brötchen in ihrer Hand sahen. Als sie nichts mehr hatte, lehnte sie sich zurück und schloß halb die Augen. Sie hörte den kleinen Wasserfall plätschern und das Rauschen des Windes in den Bäumen. Die Luft roch nach Wasser und den dunklen, ein wenig modrigen Gehölzen unmittelbar am See und nach dem Holz und der frischen Farblackierung des Bootes. Christian saß ihr gegenüber. Seine weiße Kleidung erschien ihr nicht mehr so befremdend wie in der Stadt - sie paßte zu diesem grünen Park, diesem alten Zauberschloß auf dem Hügel, den Schwänen, die langsam herumpaddelten. Letty streckte Arme und Beine von sich. Sie fühlte sich völlig zufrieden.

Nun - nicht *völlig*. Irgendwo ganz hinten in ihren Gedanken spürte sie, daß sie Dinge hinnahm, die sie nicht hinnehmen sollte, und sorglos war, wo sie wachsam sein sollte.

»Was ist das hier ... ein Hotel?« fragte sie, ohne die Augen zu öffnen.

Christians Stimme antwortete aus einem warmen Dunkel heraus. »Es war einmal ein Hotel - und davor der Palast irgendeines Stahlkönigs oder Maharadschas, was weiß ich, irgendein Dagobert Duck. Aber jetzt gehört es uns.«

»Mutti und dir?«

»Es gehört PLUS LUCIS, meine ich. Wie gefällt es dir hier?«

»Es ist toll. Aber was macht ihr eigentlich hier? Ich seh niemanden.«

Er schien einen Augenblick lang zu überlegen, ob und wie er die Frage beantworten sollte, dann sagte er: »Nun, wir arbeiten hier, wie andere Leute auch. Das Reich Gottes ist kein Schlaraffenland. Aber wir arbeiten nicht für den Mammon, wie andere Leute. Wie Vater.«

»Was arbeitet ihr denn?« fragte Letty rasch, bevor er noch mehr über Vater sagen konnte. Es verursachte ihr immer ein sehr unbehagliches Gefühl, wenn Christian auf ihren Vater zu sprechen kam. Sie hatte den Eindruck, daß er ihn haßte, und sie fand es schlimm, jemand zu hassen.

»Wir bringen anderen Menschen Heilung und Segen«, sagte ihr Bruder. »Wir stellen Heilmittel her und versenden sie an kranke Menschen in aller Welt, mit dem Segen des Heilands und den guten Wünschen seiner Prophetin.«

»Ihr schickt sie ihnen umsonst?« fragte Letty. Die Idee gefiel ihr gut.

»Sei nicht naiv, Tüpfel. Alles muß bezahlt werden.«

»Mhmm«, machte Letty. Plötzlich fielen ihr Bruchstücke eines Gesprächs zwischen ihren Eltern ein, das sie mit angehört hatte.

Wir bringen der Menschheit Heilung und Segen -
Drücken wir's mal anders aus: Eure Prophetin verdient

ein Schweinegeld an ihren Wässerchen; man sollte sie bei der Gesundheitsbehörde anzeigen -

Letty wischte hastig den Gedanken weg. Ihre Eltern hatten einander so viele Vorwürfe an den Kopf geworfen. Sie wußte überhaupt nicht mehr, was davon stimmte und was nicht. Sie wollte jetzt nicht daran denken, nicht an einem so herrlichen Morgen. Sie öffnete die Augen und blickte sich um. Überall waren nur grüne Rasenflächen und im sanften Sommerwind wogende Bäume zu sehen.

»Im Moment«, fuhr Christian fort (und zwinkerte ihr dabei vielsagend zu) »sind wir außerdem dabei, die große Überraschung vorzubereiten.«

»Welche große Überraschung?«

»Es gibt ein Fest heute abend ... das Lichterfest. Es ist unser schönstes Fest, und Mutti und ich dachten ...« Er zögerte, und sie spürte, wie er zart ihr bloßes Knie streichelte. »Weißt du ... wir dachten, an einem Tag, an dem wir so glücklich sind, solltest du bei uns sein und ... ebenfalls glücklich sein.« Seine Stimme klang belegt, als hätte er einen rauhen Hals. »Hoffentlich klingt das nicht blöd.«

»Nein.« Sie senkte den Blick auf den Boden des Bootes und bemühte sich, nichts anderes zu sehen als das von den Füßen vieler Ruderer glattgeschliffene Holz. »Überhaupt nicht.« Vor Verlegenheit rieb sie sich die Nase, bis sie das Gefühl hatte, ihre Nasenspitze sei glühend heiß und knallrot.

»Das ist ... sogar sehr schön.« Sie mußte eine Weile warten, bis ihre Wangen zu zucken aufhörten, dann blickte sie auf und sah Christian an. »Da hast du wohl furchtbar viel Arbeit gehabt in den letzten Tagen?«

Er lachte, genauso erleichtert wie sie. »Ja, kann man sagen. Wir rannten alle herum wie die Verrückten. Ich glaube, ich habe Tausende Kerzenständer gebastelt.«

»Wann geht es denn los?«

»Ab Mittag. Aber richtig toll wird es natürlich erst abends, wenn man die Kerzen sieht. Wir gehen zum Mittagessen hinüber, da siehst du dann alles.«

»Habt ihr oft Feste?« fragte Letty. Der Gedanke ging ihr durch den Kopf, daß hier ein herrlicher Ort zum Festefeiern war.

»Ja«, antwortete Christian. »Wir vergeuden unsere Zeit nicht mit Fernsehen, Kartenspielen oder ähnlichem unnützen Zeitvertreib. Wir versammeln uns in unserer Freizeit lieber, um mit unserer Prophetin Feste zu feiern und Gott zu lobpreisen. - Willst du auch ein bißchen rudern?«

Sie schüttelte den Kopf. »Lieber nicht. Ich bin immer noch so irgendwie dußlig. Ich glaube, ich würde uns dauernd im Kreis rudern. Deine Tablette war viel zu stark für mich.«

Christian verdrehte spöttisch die Augen. »Jaja - die Chemie. Ich weiß. Na schön, wenn du nicht rudern willst, mach dir's bequem und freu dich des Lebens, und ich rudere dich ein bißchen herum.« Er zwinkerte ihr zu. »Einverstanden?«

»Einverstanden.«

Sie hatten den See ganz für sich. Christian ruderte langsam um die Insel herum, während Letty sich im Boot ausstreckte und die Sonne auf ihre zarte Haut brennen ließ. Das Boot glitt leise schwankend an der Grotte vorbei. Der Wasserfall besprühte sie mit feinen kalten Tröpfchen.

Am rückwärtigen Ende der Insel gab es eine kleine Anlegestelle. Christian legte dort an, half Letty aus dem Boot und führte sie die verfallenen Steintreppen zum Scheitelpunkt der kleinen Insel empor. Am höchsten Punkt breitete sich zwischen alten Baumriesen ein buntes Blumenbeet aus, und darin erhob sich auf einem Postament eine überlebensgroße Christusstatue aus eisblauem Glas. In zwei bronzenen Vasen blühten gewaltige Blumensträuße. Auf dem Sockel, der reich mit üppigen Blumengebinden geschmückt war, befand sich - fast wie auf einem Grabstein - in rundem Rahmen das Bildnis einer alten Frau. Rundherum standen die Worte eingemeißelt:

DAS REICH GOTTES IST MITTEN UNTER EUCH.

Christian ging hin, kniete nieder und küßte andächtig das Bildnis. Dann erhob er sich rasch wieder und kehrte zu Letty zurück.

»Ist es hier nicht wunderbar?« rief er aus, während er beglückt beide Arme ausbreitete, und lachend fügte er hinzu: »Wenn ich mir vorstelle, daß Vater jetzt in seinem scheußlichen alten Büro sitzt oder irgendwo in einem Flugzeugsessel eingeklemmt hockt, tut er mir beinahe leid.«

Letty fühlte sich verpflichtet, ihren Vater in Schutz zu nehmen.

»Was soll er sonst machen? Er kann seine Arbeit doch nicht einfach liegenlassen.«

»Warum nicht?« fragte Christian scharf. »Meinst du wirklich, daß das alles so wichtig ist? Fehlt der Welt irgend etwas, wenn es eine Chartergesellschaft weniger gibt? Was hat er denn von seiner Schufterei? Er arbeitet für seinen eigenen Bauch, und eines Tages wird er einen Herzinfarkt kriegen und tot umfallen, weil er pausenlos im Streß ist und raucht wie ein Schlot und zwanzig Kilo Übergewicht hat.«

Letty dachte daran, daß der Hausarzt der Familie Rehbeck etwas sehr Ähnliches gesagt hatte. Ein unbehagliches Frösteln überlief sie, wenn sie sich vorstellte, daß Albert Rehbeck wirklich der Herzschlag traf. Seine Seele würde in die Hölle fahren, hatte ihre Mutter gesagt, und dort würde er in alle Ewigkeit heulen und mit den Zähnen knirschen. Sie wandte hastig ein: »Aber irgendwie muß er doch Geld verdienen - wahrscheinlich stimmt es, daß er zuviel arbeitet, aber er sagt, alles kostet ein Heidengeld, die Villa und das Auto und dein Studium -«

»Mein Studium!« Christian schnippte verächtlich mit den Fingern. »Meinst du, ich will den Rest meines Lebens als unterbezahlter Chemiker in irgendeinem stinkenden Labor hocken? Nein, Letty, nein. Das überlaß ich den Dunkelmenschen. Wenn die damit zufrieden sind, daß sie von früh bis spät schuften, um Geld zu verdienen - na, meinetwegen! Als könnten sie ihr Geld einmal mitnehmen!« Er lachte kurz auf. Letty fand, daß es ein sehr häßliches Lachen war, das nicht zu seinem hübschen Gesicht paßte. Sie sagte nichts mehr.

Sie kehrten zum Boot zurück und ruderten schweigend über den kleinen See, bis Christian nach einer halben Stunde sagte: »Du solltest nicht so lang in der Sonne sein, Letty ... ich glaube, du kriegst schon Sonnenbrand auf der Nase. Und duschen und umziehen mußt du dich auch.«

Der Gedanke war Letty auch schon gekommen. Das

zu lange getragene Gewand fühlte sich unangenehm an und roch ein wenig muffig, und sie hatte in der starken Julisonne zu schwitzen begonnen. So war sie erleichtert, als Christian das Boot zum Steg zurückruderte und sie wieder zum Haus begleitete. Als hätte es auf sie gewartet, stand dort das blonde Mädchen in der Eingangstür und lächelte ihnen entgegen.

»Hallo, Eva«, rief Christian. »Kannst du meine kleine Schwester ins Bad begleiten und ihr dann etwas zum Anziehen bringen?«

Letty kam gar nicht zum Nachdenken, so schnell lief Eva ihr voraus und winkte ihr mitzukommen. Sie durchquerten die Halle, von der nach allen Richtungen Türen abgingen. Eine davon stand offen, und Letty blickte in ein Fernsehzimmer, in dem eine imposante Videoanlage aufgebaut war.

»Hei!« rief sie beeindruckt. »Ihr habt ja einen Super-Fernseher hier!«

Eva kniff die Lippen ein. »Wir benützen ihn nicht. Das überlassen wir den Dunkelmenschen, die schlagen sich ja gerne das Hirn mit Unsinn voll.« Sie packte Letty fest am Arm und zog sie mit sich.

Am Ende der Halle stiegen sie eine Treppe hinab und betraten ein blaugrün gekacheltes Bad, das für viele Menschen gedacht war. Es gab eine ganze Reihe Duschen an der Wand und ein kleines Becken mit warmem Wasser. Eva lief geschäftig herum und brachte Handtücher und Seife und Haarshampoo. Die Handtücher und die Verpackungen von Seife und Shampoo trugen alle das Symbol von PLUS LUCIS, ein goldenes Dreieck, von dem Strahlen ausgingen.

Letty fühlte sich mittlerweile so verschwitzt, daß sie

kaum an etwas anderes denken konnte als an das Vergnügen, unter die Dusche zu treten. So beschäftigt, wie ihre Gedanken waren, fühlte sie doch ein leises Unbehagen, als sie bemerkte, daß Eva sich auf den Beckenrand setzte und sie beobachtete. Es war ihr nicht recht, wenn ihr jemand beim Duschen zusah. Es gab ihr das Gefühl, andere Leute machten sich insgeheim über ihre langen linkischen Beine und ihre blasse Haut lustig. Eva sagte zwar kein Wort, aber Letty fürchtete, daß sie im stillen dachte: *Wie tolpatschig sie aussieht! Was für einen dicken Hintern sie hat! Und wie bleich sie ist! Und die Augenfarbe - wie gekochte Stachelbeeren!*

Während sie ihr langes blondes Haar trockenrubbelte, warf sie zwischen den Strähnen hindurch einen Blick auf das andere Mädchen und nahm sie zum ersten Mal richtig wahr. Eva war ein Stückchen kleiner als sie selbst, hatte kinnlanges blondes Haar, große, etwas vorstehende blaue Augen und ein sehr breites Kinn, durch das ihr Gesicht ziemlich reizlos aussah. Sie trug eine weiße Bluse und eine weiße Hose, die ihr ein Stückchen zu kurz war. Ihre Füße steckten nackt in weißen Leinenschuhen.

»Wer bist du eigentlich?« fragte Letty schließlich, als sie einander nicht länger schweigend angucken konnten.

Eva lächelte. Sie hatte einen kleinen rosa Mund, der beim Lächeln zu flattern schien. »Ich bin deine Freundin.«

Letty krauste die Stirn. »Ich kenn dich doch gar nicht. Ich weiß grad nur, daß du Eva heißt.«

»Das macht nichts. Du bist eine von uns, und deshalb liebe ich dich. Ich liebe alle Schwestern und Brüder.«

Letty ließ das Handtuch sinken. Das halbnasse Haar hing ihr tropfend über die Nase. »Was meinst du - eine von euch?«

»Nun - du bist doch hier. Wir alle hier stehen unter dem göttlichen Magnetlicht, also sind wir eine große Familie. Und jetzt trockne dich ab, ich bringe dir rasch deine Kleider.« Sie verschwand in einem Nebenraum und kam bald darauf mit einem Armvoll Kleider wieder. Eines nach dem anderen breitete sie die Sachen auf einer hölzernen Bank aus. Offene Gesundheitssandalen, Unterwäsche, ein blaues Sommerkleid, eine blaue gehäkelte Jacke, die wohl für die Kühle des Abends gedacht war. Zuoberst lag ein Strohsonnenhut. Eva hob ihn hoch. »Dein Bruder sagte, du bekämst leicht Sonnenbrand, deshalb habe ich dir den hier mitgebracht.«

Letty lächelte gerührt. Lieber Christian! Er dachte wirklich an alles.

Sie ließ den Blick über die fremdartigen Kleidungsstücke gleiten. Nichts davon gefiel ihr besonders, aber alles sah ordentlich und frisch gebügelt aus, und sie hatte sowieso keine Wahl - ihre verschwitzten und zerknitterten Kleider konnte sie nicht wieder anziehen.

Sie schlüpfte hinein und fühlte sich wohler, als sie erwartet hatte. Das Kleid war ziemlich lang, es hing ihr bis zu den halben Waden hinunter, aber das Material fühlte sich angenehm weich und luftig an. Sie lachte. »Wie sehe ich aus?« fragte sie und sah sich unwillkürlich nach einem Spiegel um.

Evas viereckiges Gesicht erstarrte vor Mißbilligung. »Wir legen keinen Wert auf Kleidung und Schmuck. Wir denken lieber an unsere innere Schönheit als an äußerlichen Putz«, sagte sie. »Und jetzt komm, es ist Zeit zum Mittagessen. Wir sind hier alle sehr pünktlich.«

Letty folgte ihr langsam aus dem Bad. Die Bemerkung, sie solle sich lieber um innere Werte kümmern, hatte sie verdrießlich gestimmt. Das hörte sich ja an, als lebten die Leute hier in einem strengen Kloster! Das Gespräch mit Christian und das verlassene Fernsehzimmer fielen ihr wieder ein. »Ist das nicht langweilig, wenn ihr hier nicht einmal fernsehen dürft?« fragte sie.

Eva warf ihr über die Schulter hinweg einen abschätzigen Blick zu. »Wir brauchen kein Fernsehen. Für dummen Firlefanz haben wir keine Zeit.«

»Aber seht ihr euch nicht wenigstens die Nachrichtensendungen an?« fragte Letty verdutzt. »Ich meine - man muß doch einigermaßen wissen, was in der Welt vorgeht, nicht wahr.«

»Das Treiben der Welt interessiert uns nicht«, sagte Eva so frostig, daß Letty keine weitere Bemerkung machte, sondern schweigend und bedrückt hinter ihr herlief. Aber das unangenehme Gefühl verflog rasch wieder, als sie hinter Eva einen Plattenweg an der Rückseite des Hauses entlangging und den Teil des Parks erreichte, in dem alles für das Lichterfest vorbereitet war.

Sie blieb stehen und schnupperte. Sie konnte das festliche Mittagessen riechen, noch bevor sie irgend etwas von den Festtagsvorbereitungen sah. Dann bogen sie um die Ecke des alten Schlosses, und die Festwiese lag vor ihnen.

Letty mußte lachen, obwohl sie das Gefühl hatte, daß Eva für Späße nicht viel übrig hatte. »Es sieht aus wie das Bankett am Schluß von jedem ASTERIX-Band«, sagte sie. Es sah tatsächlich so aus: In einem gewaltigen Kreis waren auf der von alten Bäumen umstandenen Wiese große Tische aufgestellt, alle mit weißen Tüchern bedeckt und mit Blumen geschmückt. »Man wartet richtig darauf, daß gleich das gebratene Wildschwein auf den Tisch kommt.«

»Verbrannte Tierleichen wirst du bei uns sicher nicht zu essen bekommen«, bemerkte Eva kurz angebunden. »Und ich glaube, du schwätzt ein bißchen viel. Dort drüben ist deine Mutter - komm.«

Evelyne Rehbeck kam ihnen entgegen. Ihr dicht gelocktes rostbraunes Haar hing lang und offen über die Schultern, so daß sie in ihrem weißen Kleid ein wenig Ähnlichkeit mit den Heiligenfiguren auf alten Kirchengemälden hatte. Letty erinnerte sich daran, wie peinlich es ihr vor ein paar Jahren gewesen war, daß ihre Mutter ihr Haar offen trug. Sie konnte sich nicht mehr genau erinnern, warum ihr das peinlich gewesen war, aber sie hatte sich schrecklich unbehaglich gefühlt. Es war nicht das erste Mal, daß sie sich für ihre Mutter genierte - und ein schlechtes Gewissen deshalb hatte. Sie hatte auch niemand etwas von PLUS LUCIS erzählt. Zum Glück, dachte sie, hatte sie keine wirklich enge Freundin unter ihren Klassenkameradinnen, der sie alle ihre Geheimnisse erzählen hätte müssen. Sie war, genaugenommen, ziemlich unbeliebt in der Schule.

»Komm her, Lämmchen, dein Platz ist hier neben mir. Oh - riech mal! Wie das duftet!« Sie zog Letty neben sich auf die Bank und hob schnuppernd die Nase. »Wollen wir raten, was es ist?«

Letty lächelte, beteiligte sich aber nicht an dem Ratespiel, das ihre Mutter und Eva anfingen. Sie aß, was ihr vorgesetzt wurde, irgend etwas, was angenehm und gleichgültig nach Gemüse schmeckte, und wandte ihre Aufmerksamkeit ihrer Umgebung zu.

Terry saß ein paar Plätze weiter am selben Tisch. Sie lächelte Letty an und winkte ihr herbeizukommen, und als Letty etwas widerwillig gehorchte, reichte sie ihr ein kleines Sträußchen Wiesenblumen. »Die habe ich vorhin gepflückt - versuch einmal, wie sie auf deinem Hut aussehen!«

Letty probierte es, und die Blumen sahen bezaubernd aus, als sie sie hinters Hutband steckte. Sie gab Terrys Lächeln zurück.

»Danke. Lieb von dir.«

»Lätitia, bitte!« rief Eva ungeduldig. »Wir wollen gleich mit dem Essen anfangen!«

Christian saß nicht bei ihnen, er saß drüben in der anderen Hälfte des Kreises, wo die Männer beisammensaßen, und winkte nur einmal grüßend herüber. Einer der Männer dort drüben stand auf und rezitierte einen langen Spruch, vermutlich das Tischgebet, obwohl Letty kein Wort verstand, weil der Wind aus der anderen Richtung wehte. Dann eilten weißgekleidete Leute aus dem Haus und setzten mit geradezu militärischer Präzision auf jeden Tisch einen Suppentopf. Letty stellte fest, daß alles hier vorzüglich klappte. Auf nichts mußten sie warten, nichts kam zu früh an.

Obwohl sie im Freien aßen und der Weg bis zur Küche vermutlich ziemlich weit war, kam alles Essen ordentlich heiß auf den Tisch. Nur einmal gab es einen Zwischenfall, als eine Frau im grauen Arbeitskittel aus dem Hauseingang auftauchte und sich einem der Tische näherte. Augenblicklich sprangen zwei kräftige junge Männer auf, die weiße Uniformen trugen, und rempelten die Frau so grob beiseite, daß sie fast stolperte. Sie fing sich an der Hausmauer und rannte hastig in den Eingang zurück. Letty erschrak.

»Sie haben die Frau fast umgestoßen!« rief sie erschrocken.

Eva sagte: »Das Putzpersonal hat hier keinen Zutritt, das wissen sie ganz genau. Möchtest du vielleicht jemand beim Eßtisch haben, der gerade noch die Toiletten geputzt hat?«

»Aber sie waren so grob zu ihr«, beharrte Letty betroffen.

Eva gab keine Antwort, und so aß Letty schließlich weiter. Es gab kein Fleisch, keine Kuchen, keinen Kaffee oder Tee, nur Mineralwasser als Tischgetränk. Letty war daran gewöhnt. Auch als ihre Eltern noch zusammengelebt hatten, hatte ihre Mutter vegetarisch gekocht, sooft ihr Vater auf Geschäftsreise gewesen war. War er zu Hause, hatte sie für sich extra gekocht, aber er hatte nicht erlaubt, daß sie dann auch für die Kinder vegetarisch kochte. Letty erinnerte sich unbehaglich an den beständigen Krach beim Mittagessen.

Es ist dir offenbar egal, daß du deine eigenen Kinder vergiftest!

Meine Kinder sollen essen wie normale Menschen und nicht wie indische Asketen.

Christian, so erinnerte sich Letty, war manchmal übel geworden, wenn auf Vaters Befehl Fleisch auf den Tisch kam. Ihr selbst hatte eigentlich alles geschmeckt, aber sie hatte immer ein schlechtes Gewissen gehabt, weil immer entweder Vati oder Mutti wütend waren. Es war die Erinnerung an dieses schlechte Gewissen, die sie bewog, den Löffel tief in die Gemüsesuppe zu stecken.

»Schmeckt es dir, Letty, mein Schätzchen?« strahlte ihre Mutter.

Letty lächelte. »Super.«

»Es ist *reines* Essen, Kind.« Evelyne Rehbeck ergriff die Hand ihrer Tochter mit einer Leidenschaft, die Letty erschreckt hätte, hätte sie solche Ausbrüche nicht schon so oft erlebt. Nur hatte es früher immer gesund geheißen, und jetzt hieß es offenbar *rein*. »Es ist so wichtig, daß wir uns rein erhalten, das mußt du verstehen, Kind.«

»Ja, Mutti.« Sie zog vorsichtig ihre Hand aus dem klammernden Griff. »Läßt du mich los, damit ich essen kann?«

»Aber natürlich.« Ihre Mutter drückte ihr ein schnelles Schmätzchen auf die Wange und ließ sie los. »Laß es dir nur schmecken. Du wirst sehen, wenn du dich erst eine Weile ganz rein und biblisch ernährt hast, wirst du dich wunderbar fühlen, du wirst -«

Letty ließ den Löffel sinken. »Meinst du, ich soll längere Zeit hierbleiben?« Sie hatte gedacht, Mutti und Christian wollten nur, daß sie das Lichterfest mit ihnen feierte. Das war ihr durchaus recht gewesen, ein Lichterfest bei PLUS LUCIS versprach auf jeden Fall interessanter zu werden, als neben Traude durch die glühendheiße sommerliche Stadt zu trotten und die Schaufenster hinter den Baugruben zu suchen. Aber länger hierzubleiben - bei dem Gedanken zog es wie ein dunkler Schatten über sie hin.

»Wie?« Evelyne Rehbecks Stimme klang plötzlich ganz hoch und schrill. Sie schlug sich mit der flachen Hand auf den Mund. »Wie - was - oh, ich meinte, ich hoffe, du wirst einmal einsehen, wie wichtig es ist, daß wir essen wie Abel und nicht wie Kain. Du kennst die Geschichte doch, Lämmchen, ja?« Sie hatte die Sätze so aufgeregt hervorgesprudelt, daß die Worte eines über das andere zu purzeln schienen. Erst als sie merkte, daß Letty ihr zuhörte, wurde sie ruhiger. »Du spürst doch, wie gut das tut, nicht wahr, die Früchte der Erde zu essen und das gesegnete Wasser zu trinken ... fühlst du es nicht?«

»Doch«, erwiderte Letty, die längst gelernt hatte, ihrer Mutter in solchen Dingen bedingungslos recht zu geben. Manchmal tat sie es aus Überzeugung, aber manchmal begriff sie gar nicht, wovon eigentlich die Rede war, und sagte Ja und Amen, um in Ruhe gelassen zu werden. »Es ist sehr erfrischend.« Sie warf einen Blick auf die Mineralwasserflasche und entdeckte jetzt erst das goldene Dreieck auf dem milchigen Glas. »Habt ihr eure eigene Quelle?« fragte sie erstaunt.

»Nein, das nicht ... aber SIE segnet das Wasser. Es ist von Magnetlicht durchstrahlt. Trink es mit Andacht.«

Letty nahm einen Schluck und rollte ihn im Mund herum. Es schmeckte wie jedes Mineralwasser ohne Kohlensäure, kühl, fad und ein wenig bitter.

»Spürst du es?« Evelyne Rehbeck beugte sich nah zu Lettys Gesicht. Ihre Augen leuchteten.

»Ja«, sagte Letty und schluckte das Wasser hinunter. »Ich glaube, ich spüre es.«

Nach dem Mittagessen stand ein Teil der Frauen auf - unter ihnen auch Evelyne Rehbeck - und begann die Tische abzuräumen und das Geschirr in die Küche zu tragen. Letty half mit. Die Küche des ehemaligen Palasthotels war riesig, man konnte kaum von einem Ende bis zum anderen sehen. Ein Dutzend blaugekleideter Leute war damit beschäftigt, das Geschirr abzuwaschen und wegzuräumen. Sie sangen beim Arbeiten ein Lied, das wie ein fröhlicher Choral klang. Letty mußte unwillkürlich lächeln. Es war etwas Schönes daran, alle diese Leute so munter zu sehen. Die ganze riesige Küche war von Heiterkeit und Geschäftigkeit erfüllt. Einige Arbeiter und Arbeiterinnen bildeten offenbar den Putztrupp, sie trugen graue Arbeitskittel und hatten eine rote Schleife an den Ärmel gebunden. Letty entdeckte in einem Winkel den jungen Hausarbeiter, der die fettigen Pfannen im Spülbecken putzte. Er stach unter all den Blau- und Graugekleideten hervor, weil er eine feuerwehrrote Bluse über seinem grauen Arbeitskittel trug. Sein dunkles Haar hatte eine Farbe wie Coca Cola: ein Schwarzbraun, in dem ein tiefes Rot durchschimmerte. Es stand struppig über der Stirn auf und hing lang in den Nacken, und seine großen Augen waren grau wie ein Regentag. Letty hatte den Eindruck, daß er ihr einen scharfen und aufmerksamen Blick zuwarf, aber sie hatte Angst, mit all dem Geschirr hinzufallen, und so konzentrierte sie sich darauf, wo sie ihre Füße hinsetzte.

»Soll ich beim Abwasch helfen?« fragte sie ihre Mutter, aber Evelyne Rehbeck schüttelte den Kopf.

»Heute nicht, Lämmchen, dieser Tag gehört ganz uns. Wir gehen ein bißchen spazieren und sehen uns den Park an ... und es gibt einiges, was ich mit dir besprechen möchte, einfach zwischen Mutter und Tochter.«

Letty schluckte. Sie hörte diese Ankündigung nicht zum ersten Mal. Wenn Mutti so mit ihr sprach, dann wollte sie wissen, was Vati und Traude machten, und darüber gab Letty nicht gerne Auskunft, denn ihre Mutter pflegte nachher ihren Vater anzurufen und ihm Vorwürfe zu machen, die alle mit dem Satz begannen: *Wie Letty mir sagte, machst du dies und jenes ...* Dann fuhr ihr Vater sie an, sie solle gefälligst den Mund halten und nicht alles weiterklatschen. *Was bist du eigentlich, Letty, Muttis Spion hier im Haus? Möchtest du Fernsehkameras im Schlafzimmer und Mikrofone in der Küche installieren, damit du ihr nur ja brühwarm erzählen kannst, was wir tun? Ich erwarte ja nicht, daß du mir große Zuneigung entgegenbringst, nachdem sie dich all die Jahre gegen mich aufgehetzt hat, aber ich dulde nicht, daß du hier herumspionierst. Wenn deine Sympathien so eindeutig bei ihr liegen, dann hindert dich nichts, zu ihr zu ziehen. Meinetwegen kannst du auch im weißen Nachthemd herumlaufen und einer verrückten alten Schachtel die Pantoffeln küssen!*

Wenn Letty sich diese Drohungen zu Herzen nahm und ihrer Mutter sagte, es gäbe nichts zu berichten, dann weinte Evelyne Rehbeck und seufzte laut. *Ich verstehe schon, Lätitia. Du hast dich von mir abgewandt. Ach, du weißt nicht, welche Qual es mir bedeutet, daß mei-*

ne eigene geliebte Tochter ein Kind der unreinen Finsternis ist!

»Worüber willst du denn mit mir reden?« fragte Letty vorsichtig, als sie die von Gesang erfüllte Küche verließen und in den warmen Nachmittag hinaustraten. Die Feldsteinplatten des Weges, den sie einschlugen, waren so heiß, daß Letty sie bei jedem Schritt durch die Schuhsohlen spürte.

»Einfach nur so ...« Ihre Mutter machte eine weitausholende Bewegung, die den ganzen Park zu umfassen schien. Ihr Kleid wehte im leichten Wind, und der lange weiße Seidenschal, den sie um den Hals trug, flatterte gelegentlich in einem Windstoß auf, als hätte er Flügel. Sie pflückte eine kleine rosafarbene Blüte von einer Hecke und hielt sie nachdenklich zwischen zwei Fingern. »Dein Vater, weißt du ...«

Letty nickte. Sie hatte bereits zahllose Ansprachen gehört, die mit diesen Worten ihrer Mutter begannen: *Dein Vater, weißt du ...*

Diesmal jedoch hörte sie etwas anderes als die ständige Wiederholung von Klagen. Die Stimme ihrer Mutter klang hoch und dünn, als sie sagte: »Dein Vater - nun, er hat sich endgültig entschlossen, den heilsamen Weg zu verlassen. Ich muß dir das leider sagen. Er wird ... er wird sich scheiden lassen und diese Person heiraten.«

»Traude?« Das war eine schlimme Nachricht. Traude hatte schon gelegentlich Bemerkungen darüber gemacht, daß ihr Letty ganz entsetzlich auf die Nerven ginge und daß sie alles tun würde, sie loszuwerden, wenn sie »in diesem Haus erst mal was zu sagen hatte.« Mutters Nachricht hörte sich an, als würde sie ziemlich bald etwas zu sagen haben.

»Und du kannst nichts dagegen tun?« fragte sie ängstlich.

»Ich? Nein, ich fürchte nicht.« Evelyne Rehbeck wandte den Kopf nach allen Seiten, als suche sie verzweifelt nach einem Fluchtweg. »Mein Anwalt meinte ... weißt du, die Kinder dieser Welt sind auf ihre Weise klüger als die Kinder des Lichts. Er hat mich ... sehr häßlich verleumdet und falsche Zeugen aufgebracht und ...« Sie ließ mit einer heftigen Gebärde die Blume fallen und zertrat sie auf dem Plattenweg, sichtlich ohne zu bemerken, was sie tat.

Letty hörte eine ganze Weile nur mit halbem Ohr hin. Sie hatte das alles so oft gehört, Vatis Vorwürfe und Muttis heftige Gegenvorwürfe. Sie hätte ihre Debatten aus dem Gedächtnis hersagen können. *Dich interessiert doch nur dein Geld ... Wenigstens spende ich von meinem Geld für die Armen, aber ihr mit eurer Heiligkeit, ihr würdet einen lieber auf der Türschwelle verrecken lassen, als ihm ein Stück Brot zu geben ... Du denkst wie immer nur ans Fressen, aber wir, wir bringen den Armen die göttliche Botschaft ...*

Es war auch jetzt so ziemlich dasselbe wie immer, aber am Schluß einer langen Rede kam die Mitteilung: »Ich werde mich der Scheidung nicht mehr widersetzen. Wenn er sich in die Hölle stürzen will, soll er es tun, mitsamt seiner arroganten Schlampe. Aber Christian und ich - und Terry -, wir werden dann anderswo hinziehen.«

»Wohin?«

»Ich weiß es noch nicht genau«, antwortete ihre

Mutter. Sie wischte sich eine Träne aus dem Augenwinkel. »Irgendwohin, wo wir unbehelligt ein reines Leben führen können.« Plötzlich fuhr sie herum und packte Letty mit beiden Händen so fest an den Schultern, daß sie ihr weh tat. »Wo niemand angemalte Weiber anschleppen kann, niemand nach Alkohol stinkend nach Hause kommt, niemand den Allmächtigen und Seine Prophetin lästert -«

»Du tust mir weh, Mutti.« Letty riß sich erschrocken los, stolperte und trat prompt in die Blumenrabatte. Ihr Fuß versank bis zum Knöchel in der lockeren, trockenen Erde. Sie zog ihn heraus, angelte den offenen Gesundheitsschuh aus dem Beet und schlüpfte beschämt hinein.

»Das wollte ich nicht.« Evelyne Rehbeck streichelte mit zitternden Fingern ihre Schulter. »Ich bin nur ... ein wenig aufgeregt. Du kannst dir vorstellen, wie sehr mich diese Nachricht erschüttert hat. Wieviel Mühe ich mir gemacht habe, ihm den rechten Weg zu weisen -« Sie schluckte und brach ab. Dann begann sie, etwas gefaßter, von neuem. »Nun, daran ist jetzt nichts mehr zu ändern. Der Herr wird ihn richten am Tage des Gerichts. Wir aber müssen den Weg der Gerechten gehen. Willst du mit uns kommen, Lätitia?«

»Wohin?«

»Das wird sich zeigen«, antwortete ihre Mutter ein wenig zerstreut. »Wichtig ist nur, daß wir beisammen sind ... Christian, du, ich ...«

»Und Terry?« fragte sie vorsichtig. Terry war heute morgen sehr nett zu ihr gewesen, aber sie war nicht sicher, ob sie es tagaus, tagein mit ihr aushalten würde.

»Vielleicht. Aber verstehst du nicht, Lätitia? Mir ist so schrecklich wichtig, daß DU bei uns bleibst. Ich könnte keine Nacht ruhig schlafen, wenn ich daran denken müßte, daß du bei dieser ... Person wohnen mußt, daß sie dann deine Mutter ist -«

»Sie ist keine Mutter«, rief Letty heftig. »Sie ist bloß Traude. Ich werde sicher niemals Mutti zu ihr sagen. Das verspreche ich dir.« Sie war so heftig erregt, daß sie die Hand zur Faust ballte und in der Luft schüttelte. »Ich will sie nicht! Ich kann sie nicht leiden! Ich werde sie niemals liebhaben!«

»Lätitia, mein Lämmchen, mein Engelchen.« Ihre Mutter preßte sie so heftig an sich, daß Lettys Gesicht völlig in dem lockigen, nach Blütenseife duftenden Haar verschwand. Sie streichelte leidenschaftlich Lettys Schultern und Rücken, ihre Finger gruben sich hektisch ins Fleisch. »Ich bin so froh ... so froh ... du wirst bei uns bleiben, ja? Du wirst nicht den Weg Kains gehen? Du wirst immer mein liebes Kind sein?«

Letty brach in Tränen aus. »Ja, Mutti. Ja.«

»Ich liebe dich, Lämmchen.«

Eine gute Minute lang standen sie so da und hielten einander innig umarmt. Dann löste Evelyne Rehbeck ihren Griff. »Komm«, sagte sie fröhlich, »wir gehen ein Stückchen spazieren ... sieh dir den Park an, er ist wundervoll. Es gibt hier zahme Fasane, die Brot aus der Hand fressen. Ich habe gehört, früher hätte es hier sogar ein Gatter mit Hirschen gegeben und Pfauen und einen zahmen Geparden. Ist es nicht großartig, daß das alles jetzt den Kindern des Lichts gehört, statt irgendwelchen reichen und unmoralischen Playboys?«

»Ja, super«, sagte Letty und wechselte hastig das Thema. Wenn ihre Mutter von unmoralischen Leuten zu reden anfing, bekam sie immer ein schlechtes Gewissen, weil sie befürchtete, auch dazuzugehören. »Aber wenn wir dann anderswo wohnen, kann ich nicht mehr in meine Schule gehen.«

Evelyne Rehbeck blickte ihre Tochter mit großen, traurigen Augen an. »Liegt dir denn viel daran, in eine Schule zu gehen, in der du nur Werke der Finsternis und unreine Dinge lernst?«

»Nein, nicht besonders«, sagte Letty rasch. Sie wußte nicht, was ihre Mutter mit *Werke der Finsternis und unreine Dinge* meinte, aber sie wußte, daß sie nicht gerne in die Schule ging. Sie war nicht beliebt. Eine ihrer Mitschülerinnen hatte sie eine »große dumme Kuh« genannt, und andere riefen ihr »Camembert« und »Bleichgesicht« nach, wenn sie im Sommer als einzige blaß wie frischer Schnee zwischen lauter braungebrannten Gesichtern saß. Wenn so etwas passierte, zog Letty sich in sich selbst zurück und wurde ganz still, dann saß sie da und tat, als sähe sie die anderen gar nicht, aber meist wurden die nur noch ärgerlicher davon.

»Ich dachte nur«, sagte sie unsicher, »ich müßte dann arbeiten - wir müssen ja von irgend etwas leben, nicht wahr?« Sie bemühte sich um ein Lächeln, als sie das sagte. Der Gedanke war ihr unbehaglich. Einerseits wollte sie weitaus lieber bei Mutti und Christian bleiben als bei Vati und Traude, aber sie war im Grunde ein vernünftiges Mädchen, und es machte ihr Sorgen, nicht zu wissen, wer die Rechnungen bezahlen sollte. Mutti hatte nie gearbeitet und war nicht sehr praktisch, und Christian - nun, Christian auch nicht. Er hatte immer Schwierigkeiten mit seinem Studium gehabt, und jetzt hatte er es - knapp vor zwei wichtigen Prüfungen - ganz aufgegeben. Wenn er überhaupt eine Arbeit bekam, würde es eine sehr schlecht bezahlte Arbeit sein.

»Wovon wir leben werden? Oh, mein Lämmchen, der Herr sorgt für die Seinen! Wir müssen nur völlig vertrauen. Sehet die Lilien auf dem Felde! Wir werden eine reine und gottgefällige Arbeit tun und von der Quelle des Heils trinken -«

»Und heute abend gibt es ein Fest?« unterbrach Letty sie beinahe schroff. Sie mochte es nicht, wenn Mutti so redete, obwohl sie nicht genau wußte, warum. Eine ihrer Mitschülerinnen hatte einmal gesagt, ihre Mutter »schwafelte«. Letty war blutrot geworden und hatte nie wieder von ihrer Mutter gesprochen.

»Das Lichterfest, ja«, bestätigte Evelyne Rehbeck. »Wir feiern den Strahl göttlichen Magnetlichts, der durch unsere heilige Prophetin Mariella aus dem Himmel auf diese Erde gefallen ist. Seit wir dieses Licht haben, ist unser Weg ganz hell - wie diese Wiesen hier.« Mit einem Mal schlug sie die Hände zusammen und lachte verzückt. »Sieh nur, Lätitia! Seit ich hier bin, bin ich wie neu geboren. Ich bin wieder ganz jung. Oh, ich kann spielen wie ein Kind!« Sie rannte quer über die Wiese davon und schlug dabei in die Luft, als haschte sie nach Schmetterlingen. Ihre weißen Kleider wirbelten im Wind. Ihr lockiges Haar leuchtete in der Sonne rot, obwohl es seit Monaten nicht mehr gefärbt worden war. Sie lachte und tanzte und schlug in die Hände.

Letty starrte ihr verblüfft nach. Dann breitete sich langsam ein Lachen über ihr Gesicht. Sie rannte ihrer Mutter nach und ergriff ihre Hand, und gemeinsam liefen sie über die sonnenbeschienene Wiese.

Als sie später durch einen lichten Birkenwald schritten, der sich einen Abhang hinaufzog, fragte Letty: »Warum sind hier eigentlich manche Leute blau und manche weiß angezogen?«

Ihre Mutter gab bereitwillig Auskunft. »Die Weißen, Lätitia, sind die Kinder der Herrlichkeit - Menschen, die das göttliche Magnetlicht durchströmt und neu geschaffen hat. Sie sind die Erstgeborenen der neuen Schöpfung. Man erkennt sie sofort, sie haben eine goldene Aura um sich, die wir Eingeweihten sehen können. Die Blauen sind Menschen guten Willens, die zu der Prophetin kommen, um sich vom Heiland segnen und mit göttlichem Magnetlicht durchstrahlen zu lassen.«

»Aber ich bin ja auch blau.«

»Ja, Kind!« rief ihre Mutter verzückt aus. »Und Gott gebe, daß du auch bald die weißen Kleider der Herrlichkeit anziehen kannst!«

Letty schwieg.

Ihre Mutter wandte sich langsam zu ihr um. »Oder - willst du das nicht?«

»Ich weiß nicht«, sagte Letty unsicher. »Was ... was passiert denn da? Ich meine, sie machen doch nichts mit mir, oder? Keine unheimlichen Zeremonien oder so?«

»Aber mein Lämmchen, du bist doch dumm! Wie

kommst du denn darauf? Nein, es ist wunderbar - wunderbar! SIE selbst wird dich segnen - es gibt nichts Schöneres auf Erden!«

»Ja, Mutti«, sagte Letty gehorsam, obwohl sie sich nicht recht wohl fühlte. Ihrem Vater wäre es sicherlich nicht recht, daß sie hier in die Gemeinschaft aufgenommen wurde. Aber was sollte sie tun? Sie konnte nicht einfach nach Hause gehen. Sie wußte ja nicht einmal, wo sie eigentlich war. Und wenn sie verlangte, nach Hause gebracht zu werden ... nun, wenn Mutti nichts anderes übrigblieb, würde sie Christian sicher den Auftrag geben, daß er Letty zurückbrachte, aber sie würde fürchterlich böse sein. Sie würde vielleicht nie wieder mit ihr reden.

»Und die grauen Leute?« fragte sie neugierig. »Die mit den roten Schleifen am Ärmel?«

Ihre Mutter blickte beiseite und zog die Nase kraus. »Ach, die ...«, bemerkte sie achselzuckend. Dann lachte sie halb verächtlich, halb verlegen auf. »Das sind Dunkelmenschen. Mit denen wollen wir nichts zu tun haben. Es sind böse Menschen.«

Letty hielt den Blick zu Boden gerichtet, während sie weiterschlenderten. Sie mußte an den jungen Mann mit dem strubbeligen Haar denken. Er hatte nicht wie ein böser Mensch ausgesehen. Er hatte nett und lustig ausgesehen. Aber das sagte sie ihrer Mutter wohl besser nicht.

Um nicht weiter über die Sache reden zu müssen, lief Letty ein Stück voraus und rannte einmal dahin, einmal dorthin in den Wald. Es war ein heller, freundlicher Wald. Die zierlichen Bäume standen weit auseinander, und ihre Blätter flirrten und flimmten im

Wind. Als Letty etwas Dunkleres hinter den Birken sah, lief sie hin und entdeckte, daß es die Umfriedungsmauer des Park war, eine recht hohe Mauer mit einem Aufsatz aus doppeltem Stacheldraht. Die Mauer war sehr alt, zwischen den mächtigen, unregelmäßigen Steinen wuchsen Moos und kleine Pflanzen, aber der Stacheldraht war ganz neu. Er glänzte silbern im Sonnenschein.

Letty sah, daß die Steine da und dort vorstanden, und wollte neugierig an der Mauer hochklettern, um über die Krone zu spähen, als sie ihre Mutter rufen hörte.

»Nein - Lätitia - nein - geh sofort dort weg!« Es klang so entsetzt, als sei Letty im Begriff gewesen, in ein Minenfeld zu treten. Sie sprang erschrocken von dem Stein herab. Evelyne Rehbeck kam auf sie zugerannt, daß ihre Kleider flogen, packte sie mit beiden Händen an den Armen und schüttelte sie. »Tu das nicht!« schrie sie Letty an. »Tu das nie - nie - wieder! Verstanden? Weißt du denn nicht, was dort draußen ist? Dort wohnt der Teufel!«

Letty starrte ihre Mutter erschreckt an. »Ich wollte nur -«

Aber Evelyne Rehbeck hörte ihr nicht zu, sie murmelte mit geschlossenen Augen hastige Gebete, die sich nach Hilferufen und Beschwörungen anhörten, und dabei hielt sie Letty weiterhin fest und schüttelte sie wie von Sinnen. In dem hellen Sommerwald mußte es aussehen, als tanzten Mutter und Tochter einen verrückten Tanz.

Erst als Letty schrie: »Mutti, laß mich doch los, bitte!«, gab ihre Mutter sie frei, zog sie aber an der Hand mit sich, als könnte etwas über die Mauer springen und sie verfolgen.

»Weg von hier, schnell, o Letty, mein Kindchen, mein Lämmchen, das darfst du nie wieder tun ...« murmelte sie vor sich hin, während sie an Lettys Hand zerrte, daß das Mädchen wie betrunken hinter ihr herstolperte. »Gib acht, kleines Auge, was du siehst, gib acht, kleines Ohr, was du hörst ... Lätitia, mein Kind«, sagte sie schließlich, als sie den breiten Gehweg wieder erreichten und sie sich etwas beruhigt hatte, »das darfst du niemals mehr tun ... diese Mauer schützt uns vor dem Reich Satans, unsere Prophetin selbst hat sie geweiht, um alles Böse von hier zu verbannen ...« So plötzlich, wie sie zornig geworden war, lachte sie wieder. »O mein kleiner Engel, wie sicher und froh sind wir hier - komm, wir gehen zu den Fasanen.«

Als sie eine halbe Stunde später zum Haus zurückkehrten, war Letty so leicht und fröhlich zumute wie schon lange nicht mehr. Zugegeben, manches hier war ein wenig sonderbar, aber der Park war herrlich, und die Spaziergänger (alle ganz in Weiß gekleidet), denen sie begegnet waren, hatten ihnen lächelnd zugewinkt. Sie hatten zwei zahme Fasanen mit Brotbröckchen gefüttert und Boote aus Blättern auf dem See schwimmen lassen, und Mutti hatte ihr die Geschichten erzählt, die sie gern hörte - von Blumenelfen und den Seelen der Bäume und freundlichen Schutzgeistern. Es waren hübsche Geschichten, auch wenn sie nicht recht wußte, ob sie sie wirklich glaubte. Ihr Vater sagte, sie würde allmählich zu groß, um noch an Blumenelfen und den Osterhasen und das Christkind zu glauben, und ihre Mutter sagte, seine Sinne seien stumpf und sein Verstand verfinstert. Und Christian war ihr auch keine große Hilfe gewesen, denn bei ihm wußte sie nie, was er wirklich glaubte oder nicht glaubte; er redete immer ziemlich unbestimmt herum.

Aber sie fühlte sich wohl hier in diesem wunderbaren Park, in dem es nach Wasser und Laub und sonnenwarmer Erde roch und überall Blumen blühten. »Es ist wie im Paradies«, sagte sie mit einem schüchternen Lächeln. »Ich meine, so wie man's gemalt sieht.«

»Ach, Kind!« Evelyne Rehbeck legte ihr den Arm um die Schultern. »Das hier *ist* das Paradies! Sagte der Heiland nicht selbst: *Das Reich Gottes ist mitten unter euch?* Nun, hier ist es, hier, wo heilige Menschen im Glanz des göttlichen Magnetlichts versammelt sind.« Sie beugte sich vor und küßte Letty zärtlich auf die Wange. »Du bist im Paradies, mein Lämmchen.«

Und Letty fühlte sich sehr in der Stimmung, ihr Glauben zu schenken.

Das Lichterfest

Die Nacht senkte sich auf das große Anwesen. Unter den Bäumen des Parks war es pechschwarz, aber auf den Tischen auf der Festwiese brannten Hunderte Kerzen in tönernen Untertassen und erhellten die Nacht mit einem seltsamen, milden und ein wenig unheimlichen Licht. Christian hatte recht gehabt, dachte Letty: Das Lichterfest war wunderschön. Es erinnerte sie ein wenig an einen Gottesdienst und ein wenig an ein Sonnwendfest, bei dem sie einmal zu Gast gewesen war. Feierliche Kirchenmusik dröhnte aus den großen Lautsprechertürmen, die an zwei Seiten der Wiese aufgestellt waren. Am Anfang waren alle Festgäste aufgestanden, hatten einander an den Händen gefaßt und einen Choral gesungen, während ein Mann im weißen Anzug und mit einer Art Priesterstola um die Schultern von Tisch zu Tisch eilte und die ersten Kerzen anzündete. Die Festgäste zündeten die restlichen Lichter an und zogen dann, wobei sie Kerzen in den Händen trugen, in einer langen Prozession singend um ein großes Gefäß, das auf einem Dreifuß in der Mitte der Festwiese stand. Ein Kessel aus hellem Metall, der bis zum Rand mit klarem Wasser gefüllt war. Letty hätte gerne gewußt, wozu er diente, aber sie konnte niemand fragen - Christian war wiederum bei den Männern, Terry hatte sich nicht wohl gefühlt und war dem Fest ferngeblieben, ihre Mutter hatte ungeduldig »Schsch!« gemacht, als sie ihr eine Frage stellen wollte, und Eva wollte sie nicht fragen, obwohl diese ihr am Nachmittag mehrmals angeboten hatte, ihr alle Fragen zu beantworten.

Sie mochte Eva nicht. Warum nicht - diese Frage hätte sie aus dem Handgelenk nicht beantworten können. Es war einfach ein unbestimmtes Gefühl des Widerwillens, das sie überkam, sooft das Mädchen sich an ihre Seite drängte. Es war, als wartete Eva auf etwas. Letty hatte beständig das Gefühl, daß alles, was sie tat und sagte, das Mädchen nicht zufriedenstellte, daß sie etwas ganz Bestimmtes tun und sagen mußte, damit Eva mit ihr einverstanden war, und da sie nicht wußte, was es war, fühlte sie sich verunsichert. Es war fast so schlimm wie in der Schule, wenn die anderen über sie lachten, weil sie ein komisches Gesicht machte - und sie selbst hatte es nicht einmal bemerkt!

Eva sah zu ihr herüber und öffnete halb den Mund, als wollte sie gleich etwas sagen. Letty wandte betont den Kopf nach der anderen Seite, zu den dunklen Bäumen des Parks hinüber. Eine lange Allee aus beschnittenem Buchsbaum verschwand dort in der Finsternis. Und aus dieser Allee tauchte ganz plötzlich der Mann auf.

Vermutlich war es bloße Einbildung, daß es Letty schien, ein paar Herzschläge lang seien alle singenden Stimmen verstummt und alle Bewegungen erstarrt, als er unter dem Buchsbaumbogen erschien. Sie spürte ihn, noch bevor sie ihn sah. Irgend etwas geschah ein Mißton in den melodischen Schwingungen des

Chorals, ein Gefühl naher Gefahr, das ihr das Herz im Hals klopfen ließ, ein Mißbehagen wie die allerersten Anzeichen beginnender Übelkeit.

In eine weiße Seidenhose und ein lässiges weißes Hemd gekleidet, das einer Bluse ähnlich sah, kam er rasch und leichtfüßig über den Rasen geschritten: ein Mann um die Fünfzig, hochgewachsen, sportlich braun gebrannt und von schlanker, athletischer Gestalt. Als er aus dem Dunkel unter den Parkbäumen ins Kerzenlicht trat, sah Letty, daß sein Gesicht so vollendet schön war wie sein Körper. Es sah aus, als hätte ein Bildhauer die kraftvoll elegante Gestalt und die ebenmäßigen, jugendlich männlichen Züge geschaffen.

Seine Augen waren von einem sehr hellen, wäßrigen Blau, und seine Wimpern und Brauen waren so platinblond wie sein langes, üppiges Haar, das er in einer weibisch weichen Welle aus der Stirn und hinter die Ohren gekämmt trug. Er bewegte sich beim Gehen in einer lebhaften und irgendwie herausfordernden Art, seine langen Beine schritten rasch aus, seine Hüften schwangen mit einer fast koketten Beweglichkeit.

Letty spürte, wie leises Unbehagen ihren Rücken entlangprickelte. Sie war froh, daß der Mann ihr nicht die geringste Beachtung schenkte, sondern an ihr vorbei durch die Prozession hindurchschritt. Die Leute machten ihm ehrfürchtig Platz. Letty streckte sich, um über die Schulter einer Frau hinwegblicken zu können. Als die Frau sich umwandte und sie anlächelte, wagte sie es, hastig und leise zu fragen: »Wer ist das?«

Die Frau legte den Finger auf die Lippen, flüsterte aber die Antwort: »Alexander Barsony.«

Letty zog sich zurück. Sie wußte mit dem Namen nichts anzufangen und wagte keine weitere Frage zu stellen.

In der Mitte der Wiese begann jetzt eine komplizierte Zeremonie, die Alexander Barsony leitete. Eine Anzahl Männer und Frauen in blauer Kleidung knieten vor dem Mann nieder, empfingen einen Segen - jedenfalls machte er Gebärden, die wie ein Segen aussahen - und zogen dann schneeweiße Kleider an, die ihnen von uniformierten Dienern gebracht wurden. Das waren offenkundig die Leute, die am Nachmittag bei der Prophetin gewesen waren und nun feierlich in die PLUS-LUCIS-Gesellschaft aufgenommen wurden. Aber darüber hinaus konnte Letty nicht folgen, was all die Gesänge und das Hin und Her von feierlich weißgewandeten Personen zu bedeuten hatten. Es sah so aus, als würde das Wasser geweiht - oder war es bereits geweiht und wurde nun an die Gläubigen verteilt? Jedenfalls hob Barsony mit feierlicher Geste die Hände und machte das Kreuzzeichen über den Kessel, und dann schöpfte er mit einem gläsernen Krug daraus und füllte winzige Gläschen, die auf einem Tablett standen. Zwei Männer gingen mit dem Tablett rundum, und alle Anwesenden nahmen ein Gläschen und tranken es aus.

Letty sah sich hilfesuchend nach ihrer Mutter um. Sie hatte keine Ahnung, was sie tun sollte. Was war in den Gläschen? Und sollte sie eines nehmen und austrinken? Oder in eine andere Richtung schauen und so tun, als hätte sie das Tablett nicht bemerkt? Jetzt wäre sie froh gewesen, Eva an der Seite zu haben, aber ausgerechnet jetzt war ihre anhängliche Begleiterin verschwunden, und die Männer kamen immer näher. Letty konnte im Kerzenschein die Gesichter der Leute sehen, die Gläschen nahmen und tranken. Manche nippten und machten verzückte Gesichter, als kosteten sie alten Wein. Andere schienen zu beten, bevor sie mit ernster Miene tranken. Wieder andere leckten sich die Lippen. Letty bekam plötzlich Angst. Wenn die farblose Flüssigkeit nun irgendeine Droge enthielt? Verfielen die Leute vielleicht alle in Rauschzustände? Oder nahmen sie eine feierliche kultische Handlung vor und würden Letty verfluchen, wenn sie als Nichtmitglied es wagte, von dem heiligen Wasser zu trinken?

Sie war fast zu dem Entschluß gekommen, kurzerhand aus der Prozession auszubrechen und hinter die Bäume zu flüchten - sie konnte ja immer noch behaupten, ihr wäre plötzlich schlecht geworden oder sie hätte dringend austreten müssen -, als eine Stimme neben ihr flüsterte: »Kannst es ruhig trinken, das ist nur unser Zaubertrank. Dasselbe Zeug, das du zu Mittag getrunken hast.«

Sie sah sich erschrocken um. In der Menschenmenge war es schwierig zu erkennen, wem die Stimme gehörte, aber da stand ein Mädchen, so alt wie sie, das plötzlich ein Auge zukniff, als sie es anblickte, und zugleich den Finger auf die Lippen drückte.

Letty starrte verdutzt. Sie wollte trotz des Verbots eine Frage stellen, aber das Mädchen schüttelte mit einer scharfen Bewegung den Kopf, wandte sich ab und duckte sich hinter die nächststehenden Erwachsenen. Letty sah gerade noch einen dunklen Scheitel verschwinden.

Unwillkürlich wandte sie sich in die andere Richtung, um keinen Verdacht zu erwecken. In Gedanken sah sie das Gesicht des Mädchens vor sich, ein Gesicht mit kurzer spitzer Nase, dicken Augenbrauen und großen schwarzbraunen Augen. Das dunkle Haar lag wie eine Kappe um den Kopf.

Trotz der Ermunterung fand Letty nicht den Mut, aus den Gläschen zu trinken. Als die Männer mit dem Tablett herankamen, bückte sie sich hastig, als müßte sie ihren Schuh richten, und so gebückt schob sie sich in den Teil der Schlange vor, der sein Wasser schon bekommen hatte. Sie war selbst überrascht, daß es ihr diesmal gelungen war, sich schnell und leise zu bewegen, anstatt mit ihrer üblichen Tolpatschigkeit bäuchlings hinzufallen und alle Aufmerksamkeit auf sich zu lenken. Erleichtert richtete sie sich auf. Die Gesänge wurden lauter, als die Zeremonie allmählich dem Ende zuging.

Plötzlich erdröhnte der nächtliche Park unter Orgelklängen, und die ganze Gruppe der Zelebranten wandte sich dem Haus zu. Der Eingang erstrahlte in hellem Licht, als zwei große Scheinwerfer darüber eingeschaltet wurden.

Zwei der weißuniformierten Männer öffneten weit die beiden Flügel der Tür, und eine kleine Gruppe von Personen trat heraus. Die Leute, die um Letty herumstanden, begannen alle zugleich zu rufen und zu winken, manche klatschten, manche fuchtelten ekstatisch mit den Armen in der Luft herum. Sie streckte sich, um zu sehen, wer all die Aufregung verursachte, und spähte über Schultern hinweg und zwischen Köpfen hindurch.

In der lichtumstrahlten Tür des Hauses standen zwei Leute, ein Paar in fortgeschrittenen Jahren, beide weiß gekleidet. Der Mann war klein und knabenhaft und sah sehr munter aus, wie er sich nach allen Seiten neigte und mit erhobener Hand grüßte. Die Frau wirkte grotesk.

Letty starrte. Das also war SIE, wie die Kultmitglieder sie ehrfürchtig nannten, die Prophetin, das Sprachrohr Gottes, die Heilige und Erwählte Mutter Mariella - diese alte Frau mit dem blauschwarz gefärbten Haar und den Unmengen glitzernden Schmucks an Hals und Händen! Sie stand ein wenig krumm da, die Schulter hochgezogen, als hätte sie eine verkrümmte Wirbelsäule. Das bodenlange weiße Taftkleid hing schief an ihrem Körper. Sie war wie eine Braut gekleidet, ganz in weißem Taft, mit einem zierlichen Schleierchen auf dem Kopf, das an einem - echten oder falschen - Diadem befestigt war. In den weiß behandschuhten Händen trug sie ein Bukett zartrosa Röschen. Sie hob langsam, mit einer greisenhaften Gebärde, die Hand und grüßte oder segnete. Die Gruppe auf der Festwiese geriet in so wilde Bewegung, daß Letty alle ihre kräftigen Muskeln anspannen mußte, um nicht umgestoßen zu werden, alle zugleich drängten vorwärts, hoben die Arme und schrien und sangen durcheinander, daß der Park widerhallte.

Die beiden kamen die Eingangsstufen herunter und schritten nebeneinander langsam über den Rasen, auf ein kleines Podest am Waldrand zu, auf dem zwei Sessel standen. Dort ließen sie sich nieder und grüßten feierlich in die immer noch ekstatisch schreiende

Menge, während die Orgelmusik ein lärmendes Crescendo erreichte. Letty taten die Ohren weh. Sie war froh, als die donnernde Musik abbrach und in ein fröhliches, lyrisches Musikstück überging. Mit einmal fühlte sie den Griff ihrer Mutter am Arm.

»Komm, Lämmchen. SIE ist da ... wir müssen hin.«

Letty bockte, mehr vor Schreck über das plötzliche Ansinnen als aus irgendeiner vernünftigen Überlegung heraus. »Ich? Wieso ich?«

»Du bist Gast hier, du mußt ihr vorgestellt werden. - Lätitia, bitte komm!«

Letty ließ sich widerwillig mitziehen. Der Gedanke war ihr schrecklich, den Schutz der Menschenmenge verlassen und den kerzenerhellten Rasen überqueren zu müssen, während alle sie anstarrten. Sicher würde sie über ihre langen Beine stolpern und hinfallen oder sonst irgend etwas Lächerliches tun! Um ein Haar wäre sie wirklich gestolpert, aber da war Christian an ihrer Seite und ergriff ihren anderen Arm.

»Stell dich nicht an, Tüpfel«, flüsterte er ihr ins Ohr. »Du brauchst gar nichts sagen, mach bloß einen Knicks. Mutti erledigt alles.«

Die Leute waren ruhiger geworden, als die Musik sich beruhigte. Neugierige und beglückte Gesichter spähten über die Kerzenflämmchen hinweg Letty an, als sie zwischen ihrer Mutter und Christian auf das Podium zustolperte. Sie fiel nicht hin, wie sie befürchtet hatte, aber ihr war bewußt, daß sie keine besonders gute Figur machte. Zwischen ihrer Mutter, die förmlich über die Wiese tanzte, und Christian mit seinen eleganten Bewegungen fühlte sie sich wie eine Holzpuppe.

Mach einen Knicks, hatte Christian gesagt. Du liebe Zeit! Was hatte er bloß damit gemeint? Etwa einen Kniefall wie in der Kirche? Schließlich machte sie eine hastige und ungelenke Bewegung, neigte den Kopf und knickte in einem Knie ein und hoffte, daß sie alles richtig gemacht hatte. Dann hob sie den Kopf und blickte das Paar auf den Sesseln an.

Der kleine Mann sah sehr freundlich aus. Er hatte ein rundliches Mondgesicht, trug randlose Brillen und hatte sein blondes Haar in die Stirn gekämmt, damit es voller aussah, als es war. Er lachte Letty an, und sie hatte das Gefühl, daß er ihr einen Moment lang zuzwinkerte.

Die Frau sah keineswegs freundlich aus. Sie streckte eine Hand aus und deutete wortlos: Hinunter! Worauf Evelyne Rehbeck und ihr Sohn mit einem Ruck in die Knie fielen. Letty wurde so plötzlich nach unten gezerrt, daß sie stolperte und beinahe mit der Stirn auf die Wiese aufschlug, bevor sie sich wieder aufrappeln konnte. Irgendwo krachte eine Naht an ihrem Kleid. Sie war überzeugt, daß es über den ganzen Rücken hinweg aufgerissen war - wahrscheinlich starrten alle diese Leute jetzt einen riesigen Riß in ihrem Kleid und die Unterwäsche darunter an, während sie steifbeinig und mit offenem Mund auf der Wiese kniete! Tränen sprangen ihr in die Augen. Sie hob den Blick zu der Prophetin und starrte in ein altes, sonngebräuntes Gesicht, in dem kleine, harte, onyxschwarze Augen funkelten.

»Wer ist das Kind?« fragte die Frau.

»Meine Tochter, heilige Mutter«, antwortete Evelyne Rehbeck. »Sie heißt Lätitia.«

»Wie alt ist sie?«

»Fast vierzehn.«

Die Frau nickte und schloß die Augen. Die Hände seitwärts erhoben, begann sie sich hin und her zu schaukeln. Dann öffnete sie die Lider halb, so daß das Weiße darunter hervorschimmerte, und rief mit einer ganz fremden, salbungsvollen Männerstimme, die nicht ihr zu gehören schien: »Du bist mein geliebtes Kind, an dem ich mein Wohlgefallen habe! Gesegnet bist du, Lätitia Rehbeck!«

Letty schluckte trocken. Ihr war beinahe übel vor Scham und Schreck. Sie fühlte den Riß in ihrem Kleid wie eine feurige Spur auf dem Rücken, ihre Knie drückten sich schmerzhaft in den trockenen Sommerrasen, und die Blicke all der Leute rundum drangen wie Nadelspitzen in ihre Haut. Es wurde nur noch schlimmer, als diesen Worten ein ekstatischer Aufschrei rundum folgte. »Eine Botschaft! Eine Botschaft!« rief jemand, und fast sofort brachen alle in Rufe wie »Halleluja!« und »Preist den Herrn!« und »O Herr, wir danken dir!« aus. Eine weißgekleidete Gestalt stürzte in die Mitte des Kreises, fiel vor den beiden Sesseln in die Knie und hob beide Arme in die Luft. »Ich sehe es!« schrie eine helle Stimme. »Ich sehe es – oh, ich sehe den Strahl des göttlichen Magnetlichts auf uns herabfallen!«

Letty sah verblüfft, daß die Kniende dasselbe dunkelhaarige Mädchen war, das sie zuvor angesprochen hatte. Sein Gesicht war verzerrt vor Entzücken, als es ein ums andere Mal gellend schrie: »Gelobt sei Gott und seine Prophetin! Oh, das herrliche Licht! Wenn ihr es nur sehen könntet! Wie es den Himmel erhellt, wie ein goldener Wasserfall! Licht! Licht! Das gewaltige Licht!«

Beim letzten Wort erhob sie sich wie eine Schlafwandlerin und torkelte davon. Alexander Barsony fing sie auf, hob sie mühelos auf die Arme und trug sie fort. Ehrfürchtige Stille senkte sich über die Versammlung.

Die Prophetin ließ sich mit einem Ruck vornüber fallen, riß die Augen auf und seufzte: »Was ist geschehn?«

Der freundliche kleine Mann ergriff ihre Hand und tätschelte sie. »Der Herr hat dir eine Botschaft geschenkt, Liebste«, sagte er. »Es ging um dieses Kind.« Dann wandte er sich an Letty. »Nun steh auf, meine Liebe ... du auch, Schwester Evelyne ... und du, junger Mann. Segen und Frieden über euch!« Er machte ein schwungvolles Kreuzzeichen und deutete fast mit derselben Bewegung, sie sollten sich entfernen. Letty hatte Mühe aufzustehen, ihr Fuß war beim Knien eingeschlafen, und sie fürchtete sich aufzutreten. Christian packte sie um die Taille und beförderte sie in die Menschenmenge zurück. Als er merkte, daß sie kaum gehen konnte, führte er sie etwas abseits zu einer Bank und half ihr, sich niederzusetzen.

»Was ist los?« flüsterte er besorgt.

»Mein Fuß ist eingeschlafen.« Letty sah sich nach ihrer Mutter um, aber die war in der Gruppe verschwunden. »Christian, mein Kleid ist geplatzt! Der ganze Rücken!«

Er runzelte die Stirn, trat hinter sie und fuhr mit dem Zeigefinger den Rücken entlang. Auf halber Höhe stockte seine Bewegung, und Letty spürte, wie er den Finger unter den Stoff schob. »Ach was, ganzer Rücken!« sagte er. »Hier ist eine winzige Stelle offen, das nähst du mit ein paar Nadelstichen zu.« Er zog die Hand zurück, kam um die Bank herum und setzte sich neben sie. »Letty ... das war sehr ungewöhnlich.«

»Was?«

»Daß SIE sofort eine Botschaft erhielt.«

»Was für eine Botschaft?«

»Himmel, hast du gar nichts kapiert?« rief ihr Bruder ungeduldig. »Sie hat eine Durchsage erhalten, als sie dich sah. Von ihm. Vom Heiland. Das passiert nicht oft, daß sie für jemand besondere Durchsagen erhält, meistens redet sie zu der ganzen Gemeinde.«

»Mir war das alles entsetzlich peinlich«, sagte Letty und wischte sich die Nase. Ihr war zum Weinen zumute. »Ich meine, so angegafft werden und ... und ...« Sie unterbrach sich. Sie hätte gerne gesagt, daß sie die Prophetin Mariella für eine gräßliche alte Frau hielt, aber sie schwieg. Sie wußte, Christian wäre nur zornig oder traurig geworden, wenn sie es ihm gesagt hätte. »Ich muß dagestanden sein wie eine Kuh«, weinte sie auf.

»Hör auf, Tüpfel.« Christian streckte die Hand aus und wischte sanft mit dem Zeigefinger die Tränen fort. »Das war vielleicht alles ein bißchen viel für dich. Aber jetzt gehst du schlafen und ruhst dich aus, und morgen -«

»Ich will heim. Ich will nicht hierbleiben.«

»Ja, klar«, stimmte er freundlich zu. »Wir fahren morgen früh heim. Tut mir leid, daß es dir nicht so gut gefallen hat ... na komm, wir reden morgen bei der Heimfahrt darüber. Einverstanden?«

Sie lehnte den Kopf an seine Schulter. »Ja, einverstanden.«

Christian führte sie ins Haus zurück, das still und dunkel dalag. Nur das Nachtlicht brannte in den langen, unheimlichen Korridoren. Kein Mensch war zu sehen außer einem Hausarbeiter, der auf einer Leiter stand und eine kaputte Glühbirne auswechselte. Letty erkannte den dünnen jungen Mann mit dem colafarbenen Haar wieder. Er beachtete sie nicht, sondern schien ganz auf seine Arbeit konzentriert, aber als sie vorbeigegangen war, hatte sie das beunruhigende Gefühl, daß er ihr nachstarrte.

Der Schlafsaal oben im dritten Stock war verlassen, die zwanzig sauberen, weißbezogenen Betten leuchteten wie zwanzig weiße Inseln aus der Dunkelheit. Letty blinzelte, als ihr Bruder das Licht andrehte. »Schlaft ihr alle in Schlafsälen?« fragte sie. »Ich meine, ihr habt dieses riesige Haus und -«

»Wir haben gerne Gemeinschaft.« Er schritt zu ihrem Bett hin und schlug einladend die Decke zurück. »Man soll nicht zuviel allein sein ... die unreinen Geister attackieren die Menschen am liebsten, wenn sie allein sind. Und die Welt ist voll böser Geister.« Plötzlich schien er Letty völlig vergessen zu haben. Er fuhr sich mit der Handfläche übers Gesicht, als müßte er etwas Klebriges wegwischen. »Überall sind sie«, sagte er mit leiser und seltsam geistesabwesender Stimme. »Mutti sagt, sie sieht sie, und weißt du was? Ich glaube ihr. Manchmal spüre ich etwas wie ... wie ...«

Letty starrte ihn verblüfft an. »Du spürst Geister, meinst du?« Was ihre Mutter anging, wunderte sie sich nicht besonders, sie war es gewohnt, daß Mutti alles mögliche spürte und sah - einmal waren es schädliche Strahlen, dann wieder ein bunter Lichtschein, den sie »Aura« nannte, und sie war überzeugt, daß Pflanzen wie Menschen fühlten und dachten. Aber Christian! Christian, der noch vor einem Jahr bei den wüstesten Horrorfilmen nur spöttisch gelacht hatte!

Sie wünschte, er würde jetzt auch lachen. Aber er starrte sie nur an, daß ihr seltsam unheimlich zumute wurde, und sagte leise: »Man wird sensibel, weißt du ... ich habe nie geglaubt, daß es diese andere Welt gibt, aber jetzt spüre ich sie, und es läuft mir über den Rücken. Hast du nie dran gedacht«, fuhr er eindringlich fort, »was die Menschen für Gedanken in ihren Köpfen haben? Bosheit. Schmutz. Unsauberkeit. Haß. Lauter böse, gotteslästerliche Gedanken. Und die strahlen alle aus. So.« Er machte eine Bewegung, bei der er mit beiden Handflächen seinen Kopf umkreiste. »Da braucht einer gar nichts reden und tun. Seine Gedanken strahlen durch den Kopf und verpesten die Erde. Vaters Gedanken waren wie dicke schwarze Auspuffwolken - giftiger Dreck, der aus seinem Gehirn ausströmte!«

»Sag so was nicht«, bat Letty unglücklich.

Christian zuckte mürrisch die Achseln. »Du bist kein kleines Kind mehr, Letty, tu doch nicht so! Woran denkt er schon den ganzen Tag? An Geld und Geschäfte und seine fette blonde Schlampe. Sein Kopf ist voll Scheiße, das ist es - schwarze, stinkende Scheiße.«

Plötzlich packte er Lettys Handgelenk und riß sie an sich heran, daß sie fast mit der Nase gegen ihn geprallt wäre. Sie wollte entsetzt aufschreien, aber er erstickte den Aufschrei in einer fiebrigen Umarmung. »Letty«, flüsterte er, während er sie an sich preßte, »mir ekelte, wenn er mich anfaßte - seine roten, sommersprossigen Arme - sein graubrauner Haarpelz - seine dicken roten Lippen unter dem Vollbart - mir ekelte, daß ich ihn am liebsten fortgestoßen hätte, aber ich wußte nicht, warum ... ich wußte es nicht ... erst SIE zeigte es mir.«

»Die Prophetin?« Unwillkürlich flüsterte Letty. Er hielt sie jetzt so locker, daß sie sich leicht hätte befreien können, aber sie machte keine Bewegung. Sie schlang die Arme um seine Hüften und blickte zu ihm auf. Im schwachen Lichtschein war sein Gesicht fremd, aber auf eine ungewohnte Weise schön.

»Ja.« Christian flüsterte ebenfalls. »Sie schenkte mir eine Vision ... sie sah für mich ... sie sah, was ich immer gewußt hatte. Ach Gott, Letty! Dieser gräßliche alte Mann! Ich sah zum erstenmal, was er mir alles angetan hatte - wie er - wie er - sein Kopf steckt voll Dämonen -« Er atmete so tief ein, daß es wie ein Stöhnen klang. Letty spürte, wie sein Herz hinter den Rippen hämmerte. Dann warf er den Kopf in den Nacken. »Komm«, sagte er schroff. »Nimm dein Nachthemd und -«

»Ich habe kein Nachthemd.«

»Doch, hast du.« Er streckte die Hand unter die Decke und zog ein langes weißes Hemd hervor. »Hier ist für alles gesorgt. Das Bad ist zwei Türen weiter ... komm, ich zeige es dir.«

Sie folgte ihm auf den nachtdunklen Korridor hinaus, in dem das Drei-Minuten-Licht wieder erloschen war. Christian zeigte ihr die Tür, auf der BAD stand, dann verabschiedete er sich.

»Eva kommt auch gleich rauf, sie wird dir behilflich sein«, sagte er. »Sie wird -«

»Ich brauche keine Hilfe. Ich bin doch kein kleines Kind, das nicht allein ins Bad gehen kann.« Bei dem Gedanken, Eva würde vielleicht wieder dasitzen und sie anstarren, während sie duschte, wallte Zorn in ihr auf.

Christian lächelte nur, küßte sie freundlich auf die Wange und verschwand die Treppe hinunter.

Letty seufzte tief. Sie warf sich das fremde Nachthemd über die Schulter und trat ins Bad. Wenigstens, dachte sie, konnte man die Tür von innen abschließen - Evas Gesellschaft war im Augenblick das Letzte, was sie vertragen konnte. Sie drehte energisch den Türriegel um und begann Wasser in die Wanne zu lassen.

Plötzlich war sie froh, daß sie in einem Schlafsaal schlafen sollte. Sie gab es nicht gerne zu, aber Geistergeschichten machten ihr Angst, und Christian hatte so ernst dreingesehen, als er von den Dämonen sprach! Wenn sie nur nicht davon träumte! Sie hatte schon ein paarmal die greulichsten Alpträume gehabt, wenn Mutti ihr unheimliche Geschichten erzählt hatte - Geschichten wie die von der Frau, die eine kohlrabenschwarze Aura gehabt hatte, wie eine Gewitterwolke - oder von dem verwunschenen Zimmer - oder die Geschichte von dem Bild, das niemand ansehen konnte und das deshalb immer im Schrank eingesperrt bleiben mußte.

Sie schüttelte den Gedanken ab. Jetzt war wirklich nicht der richtige Zeitpunkt, sich solche Geschichten in Erinnerung zu rufen! Wenn sie nur daran dachte, wie lang und dunkel und verlassen die Korridore hier oben waren ...

Als sie sich dann nackt in das warme Wasser gleiten ließ, entspannte sie sich ein wenig. Das Bad war ein hübscher Raum, grün und honigbraun gefliest, mit einer dicken Flormatte vor der Wanne. Auf dem gekachelten Sims stand eine große Plastikflasche, die den Aufdruck »Äthera-Badezusatz« und das goldene Dreieck trug. Letty schraubte den Verschluß auf und schnupperte. »Äthera« roch angenehm. Sie kippte eine Verschlußkappe voll ins Wasser und rekelte sich wohlig in der duftenden Flüssigkeit.

Plötzlich fiel ihr der junge Mann im Korridor ein. Sie wußte selbst nicht, warum sie ausgerechnet an ihn denken mußte - einen Mann, den sie gar nicht kannte und der offenbar auch völlig unwichtig war. Er sah auch nicht gerade aufregend aus mit seinem unordentlichen Haar und den scharfen, spitzen Zügen. Sie erinnerte sich sogar, daß er beim Lächeln eine Zahnlücke gezeigt hatte. Aber es war ein fröhliches Lächeln gewesen, wie Letty schon lange keines mehr gesehen hatte, weder zu Hause noch bei Mutti und Christian. Sie dachte an die Melodie, die er gepfiffen hatte, während er die Müllkübel ausleerte. Sie hatte plötzlich das Gefühl, daß er ein Mann war, der häufig sang und pfiff. *Wie ein Spatz,* dachte sie und lachte in sich hinein.

Und dann saß sie plötzlich ganz steif und aufrecht in der Wanne.

Eine winzige Bewegung hatte ihren Blick angezogen. Sie sah zur Tür hinüber - etwas Grauweißes bewegte sich dort, flatternd wie eine große Motte, am unteren Rand der Tür. Erst dachte Letty tatsächlich, es sei ein Tier, das dort hereinkriechen wollte, aber dann sah sie genauer hin. Ein Stück Papier war es, die abgerissene Ecke einer alten Zeitung, die durch den Türspalt hindurchgeschoben wurde. Sobald das Stück Papier auf dem Boden lag, wurde leise an die Tür geklopft.

Sie saß reglos und wartete, ob noch etwas nachkäme, aber das Klopfen wiederholte sich nicht, und das Stückchen Papier lag auf dem Boden und flatterte nur leise im Luftzug, der zwischen Tür und Boden durchstrich.

Letty stieg aus der Wanne und näherte sich dem Papier so vorsichtig, als könnte etwas nach ihr greifen und sie packen, wenn sie es anfaßte. Ohne es zu berühren, hockte sie sich tropfnaß auf den Boden und strengte sich an, die drei Zeilen zu lesen, die mit Filzstift darauf geschrieben standen.

Mädchen gib acht auf dich, hier ist es ungut
lautete die erste, und die zweite:
Zettel sofort vernichten.

Darunter stand der - leicht abgeänderte - Bibelvers:
Der Herr ist dein Hirte.

Sie griff mit spitzen Fingern zu, faßte den Zettel am äußersten Eckchen und warf ihn in die Badewanne. Als er völlig durchweicht und die Schrift zerlaufen war, formte sie eine winzige Kugel daraus und ließ sie hinter die Wanne zu Boden fallen. Ihr Atem ging flach und hastig.

Es ist alles in Ordnung, hatte ihre Mutter gesagt. Aber wie es aussah, war überhaupt nichts in Ordnung.

Eine schockierende Nachricht

Eine Viertelstunde, nachdem Letty zu Bett gegangen war, kam eine ganze Gruppe Frauen und Mädchen die Treppe herauf, unter ihnen auch ihre Mutter. Sie hatten bereits geduscht - wahrscheinlich in dem Gemeinschaftsbad unten - und kamen mit feuchten Haaren, in Schlappen und Bademänteln in den Schlafsaal. Letty stellte sich, als schliefe sie tief und fest.

Es gab kein Getuschel und Gekicher wie sonst in einem Schlafsaal voll Leute. Die Frauen und Mädchen umarmten und küßten einander, dann schlüpfte jede in ihr Bett und kroch unter die Decke, das Licht wurde gelöscht, und keine zehn Minuten später waren nur leise, regelmäßige Atemzüge zu hören.

Letty drehte sich lautlos auf den Rücken und starrte ins Dunkel. Hinter dem fächerförmigen Fenster zeichnete sich der sternenbesäte Himmel der Sommernacht ab. Gedämpftes Klappern und Scharren klang von unten herauf. Es hörte sich nach den Arbeitsgeräuschen von Männern an, die Stühle und Tische, Lautsprechertürme und das Podium ins Haus zurückschafften. Nach einer Weile verstummten auch diese Geräusche, die Tür wurde mit deutlich hörbarem Scheppern und Klirren für die Nacht verschlossen. Einen Augenblick lang drang das erstickte Aufkläffen eines Hundes zu

Letty herauf, gefolgt von dem scharfen »Aus!« eines Mannes. Sie wunderte sich flüchtig, daß sie den ganzen Tag keinen Hund gesehen hatte, während jetzt ganz offenkundig einer da unten herumlief. Nun, vielleicht war sein Besitzer jetzt erst nach Hause gekommen.

Mädchen gib acht auf dich, hier ist es ungut.

Die Worte drängten sich gewaltsam in ihre Gedanken zurück. Sie überlegte. Die alte Frau war ungut, und Alexander Barsony hatte ihr - sie wußte selbst nicht, warum - einen gewaltigen Schrecken eingejagt. Aber Mutti und Christian waren hier ... das war nicht ungut, das war gut. Das Ungute war draußen, außerhalb der Parkmauern. Vati. Traude. Vati würde sich scheiden lassen und Traude heiraten, und nach einer Weile würde er verlangen, daß sie »Mutter« zu Traude sagte.

Letty warf sich mit einer unvorsichtigen Bewegung so heftig herum, daß das Bett knirschte und krachte. Das Geräusch klang beängstigend laut in dem stillen Saal. Sie spannte hastig alle Muskeln an und lag stocksteif da.

Niemals, dachte sie. Da konnte Traude warten, bis sie schwarz wurde.

Aber gleichzeitig wußte sie, daß Traude die Stelle ihrer Mutter einnehmen würde, ob sie sie nun »Mutti« nannte oder nicht. In Zukunft würde Traude bestimmen, welche Kleider gekauft wurden, wo sie zur Schule ging, ob sie sonntags ins Kino gehen durfte und wer von ihren Schulkolleginnen ins Haus kam. Sie würde mit Letty einkaufen gehen und vor den Verkäuferinnen Dinge sagen wie: »Nein, das nicht, in dem sieht sie ja womöglich noch klobiger aus« oder »Man möchte nicht glauben, was die jungen Mädchen heute für Schuhgrößen haben!« Sie würde mit ihr zum Friseur gehen und sagen: »Ich weiß ja nun wirklich nicht, was man mit solchem Strohhaar anfangen kann, aber versuchen Sie einfach mal, ihr eine Frisur zu verpassen.« Und sie würde ihre Freundinnen einladen und zu ihnen sagen: »Das Kind ist ein entsetzlicher Trampel, keine Spur von Grazie ...«

Traude würde das alles tun, wenn Lätitia bei ihr und bei Vati bliebe.

Aber sie konnte ja auch bei Mutti und Christian bleiben. Sie konnten alle zusammen fortgehen, und es würde wunderbar sein. Mit dem Gedanken schlief sie ein.

Mitten in der Nacht erwachte sie. Ein heftiges Unbehagen hatte sie aufgeweckt. In ihrem Bauch knurrte und blubberte es hörbar, und sie fühlte, daß sie äußerst dringend aufs Klosett mußte. Sie setzte sich auf und schwang lautlos die Füße aus dem Bett, ängstlich bemüht, keinen Lärm zu machen und niemanden aufzuwecken. Es wäre ihr furchtbar peinlich gewesen, hier ein Gerumpel und Gepolter zu veranstalten, das alle die Schläferinnen aufweckte.

Wenigstens drang durch das Fenster am Ende des Saales genug Licht herein, um ihr einigermaßen zu zeigen, wo sie die Füße hinsetzte. Mit einer Hand raffte sie ihr Nachthemd hoch, während sie Schritt für Schritt zur Tür schlich. Sie legte die Hand auf die Klinke und drückte sie hinunter.

Die Tür rührte sich nicht.

Sie versuchte es noch einmal. Vielleicht klemmten die Türen in diesem alten Haus?

Im selben Augenblick drang eine Stimme aus der Dunkelheit, so schneidend scharf, daß Letty zusammenfuhr: »Wo willst du hin?«

Sie stotterte vor Schreck. »Au-au-f d-die Toilette. Ich hab B-b-auchweh.«

Aus einem der Betten erhob sich eine Gestalt im weißen Nachthemd und kam auf sie zu. Im trüben Zwielicht erkannte sie Eva. »Warte«, sagte das blonde Mädchen, »ich schließe dir auf.«

Ein Schlüssel knirschte im Schloß, und die Tür sprang auf.

Letty sagte nichts. Sie hatte es furchtbar eilig. Ihr Bauchweh hatte sich zu einer richtigen Darmkolik entwickelt. Sie stürzte aufs Klosett und kauerte sich auf der Muschel zusammen, die Arme um den Leib gekrampft. Plötzlich war ihr übel auch noch. Hatte sie etwas Schlechtes gegessen? Oder eine Infektion erwischt?

Nachdem sie den Darm gründlich entleert hatte, ließen die schmerzhaften Krämpfe nach. Sie trat in den Waschraum, um sich Gesicht und Hände zu waschen, und sah verblüfft, daß Eva dort stand. Das Blut schoß ihr in die Wangen. Ihr Durchfall war eine ziemlich lärmende Angelegenheit gewesen, und das Ganze war ihr überaus peinlich. »Was machst du?« fuhr sie Eva an. »Warum rennst du mir nach?«

»Du siehst krank aus«, sagte Eva kühl. »Wie geht es dir?«

»Ich hatte Bauchkrämpfe. Schlimme.«

Eva öffnete einen der schmalen Schränke - sie benützte einen Schlüssel dazu - und reichte Letty eine der kleinen Mineralwasserflaschen mit dem goldenen Dreieck darauf. »Trink das. Das heilige Wasser wird dich reinigen und heiligen.«

Letty trank gehorsam, denn sie hatte jetzt auch gewaltigen Durst. Als sie das Fläschchen nach den ersten Schlucken absetzte, fragte sie: »Was ist, wenn ich in der Nacht noch mal aufs Klo muß? Warum ist der Schlafraum überhaupt abgesperrt?«

»Es sind Männer im Haus«, antwortete Eva in einem Ton, daß Letty sich wider Willen schuldig fühlte. Es klang, als hätte sie etwas Schlimmes vorgehabt und Eva hätte sie dabei erwischt.

»Ich meine«, fuhr ihre Begleiterin fort, »es sind Männer im Haus, die nicht im Lichte sind. Dunkelmenschen. Wir halten sie uns für die niedrigen Arbeiten.« Plötzlich lachte sie, ein kleines, schrilles Lachen. »Oder meinst du, Lichtmenschen sollen die Toiletten wischen und den Müll raustragen? O nein! - Es ist auch wegen der Strahlung«, fügte sie dann hinzu. »Die Strahlen schaden uns.«

»Welche Strahlen?«

»Böse Strahlen«, erklärte Eva ihr ungeduldig. »Dunkelstrahlen. Sie gehen von bösen Dingen aus - Müll - Eingeweiden - schlechten Tieren - Körperabfällen. Wir wollen nichts damit zu tun haben.«

»Deshalb müssen es die Dunkelmenschen machen?!«

Eva zuckte mit einer kleinen Bewegung die Achseln. »Denen macht das nichts aus ... für die ist das wie der Dreck fürs Schwein. Außerdem werden sie ja dafür bezahlt. - Du mußt dir die Hände waschen, du hast Unreines berührt«, sagte sie dann. »Hier! Halte die Hände auf - wie eine Schale.« Als Letty gehorchte, goß sie den Rest des Magnetlichtwassers darüber. »So! Jetzt bist du wieder rein ... Du mußt dich von jetzt ab immer rein halten. Die Prophetin hat dich gesegnet, vergiß das nicht. - Komm jetzt. Es ist gefährlich, in der Nacht allein zu sein, besonders an einem unreinen Ort.« Damit packte sie Letty am Arm und zog sie energisch mit sich in den Schlafsaal zurück. »Schlaf jetzt!« befahl sie, nachdem sie die Tür versperrt hatte. »Und wenn du noch mal mußt, weck mich auf.«

Letty erwachte am Morgen, als alle anderen im Schlafsaal fast zugleich erwachten und gähnten und sich reckten. Noch bevor sie die Augen richtig aufgeschlagen hatte, kam Eva an ihr Bett, nahm sie in die Arme und küßte sie. »Der Herr segne deinen Tag, liebe Lätitia!« sagte sie. »Möge das göttliche Magnetlicht über dir leuchten!«

Letty wand sich aus der Umarmung los und setzte sich auf den Bettrand. Sie hatte die ganze Nacht lebhafte und farbige Träume gehabt und war immer noch wirr im Kopf. Ihre Mutter kam besorgt herbei. »Du siehst so benommen aus, Lämmchen.«

»Ich habe so wüst geträumt. Bitte sag nicht ›Lämmchen‹ zu mir, Mutti.«

Evelyne Rehbeck trat einen Schritt zurück. »Warum nicht?« fragte sie. Ihre Stimme klang härter als zuvor.

»Ich bin zu groß dafür. Bitte. Ich mag es auch nicht so, wenn Christian zu mir ›Tüpfel‹ sagt.«

»Wie du wünschst.« Es klang sehr kühl. »Soll ich ›Fräulein Rehbeck‹ zu dir sagen?«

Letty fuhr sich mit beiden Handflächen übers Gesicht. »Bitte, Mutti, sei nicht beleidigt. Ich bin fast vierzehn. Ich bin kein Kind mehr, ich -«

»Doch, du bist ein Kind!«

Letty schreckte zusammen, als ihre Mutter ihr die Worte förmlich entgegenschrie. Das Blut stieg ihr heiß in die Wangen. Sie starrte die Frau an, die Augen weit aufgerissen vor Verblüffung.

Evelyne Rehbeck trat an sie heran und starrte ihr aus nächster Nähe ins Gesicht. »Du bist mein Kind! Bitte vergiß das nie! Du bist mein Kind und wirst es immer bleiben!« Sie unterbrach sich und holte tief Luft. Eine Hand auf die Brust gepreßt, versuchte sie, ihren keuchenden Atem zu beruhigen. Das unfrisierte Lockenhaar stand ihr wild um den Kopf. Im nächsten Augenblick fiel sie vor Letty auf die Knie und umschlang sie fest mit beiden Armen. »Du mußt mein kleines Mädchen bleiben, Lätitia«, flüsterte sie. »Du bist doch alles, was ich habe.«

»Ja, Mutti, ich meine ja nur -«

»Schscht, mein Lämmchen. Schscht.« Die Umklammerung wurde fester, als ihre Mutter sie hin und her zu wiegen begann. »Du bleibst bei mir, mein Einziges, mein Kindchen -«

Letty fühlte, wie ihr der Schweiß ausbrach. Sie war froh, als eine der Frauen ihnen von der Tür aus zurief: »Beeilt euch, sonst kommt ihr zu spät zum Frühstück!« und ihre Mutter sie daraufhin aus ihrem Griff entließ. Letty wand sich los und rannte geradezu ins Bad.

Sie duschte eilig, wickelte sich in einen der weißen Bademäntel und wollte sich im Schlafsaal eben anziehen, als Eva herbeigelaufen kam, ein Bündel weißer Kleider auf dem Arm. »Komm, Letty, zieh diese hier an.« Mit einem Lächeln fügte sie hinzu: »Du darfst jetzt Weiß tragen.«

Als Letty, die nicht ganz begriff, sie anstarrte, fiel Evelyne Rehbeck ein:

»Die Prophetin hat dich gesegnet, Kind ... das göttliche Magnetlicht hat dich durchströmt. Du bist rein und heilig geworden.«

Letty blickte von einer der beiden Frauen zur anderen. Sie fühlte sich unbehaglich. Die Kleider - sehr ähnliche Kleider, wie sie sie bislang getragen hatte, nur eben in Weiß - kamen ihr plötzlich wie ein Totenhemd vor. Hastig zog sie sich an und eilte die Treppen hinunter.

Sie wußte nicht recht, ob sie sich so aufgeregt hatte oder ob es mit den Darmkrämpfen in der Nacht zu tun hatte. Der Schweißausbruch dauerte an, und sie hatte Kopfweh und ein flaues Gefühl im Magen. Einen Augenblick dachte sie, sie müßte umkehren und auf die Toilette laufen, aber die Übelkeit verging wieder. Sie tröstete sich damit, daß sie wohl nur einen leeren Magen hatte und sich nach dem Frühstück wohler fühlen würde.

Aus dem Speisesaal klang ihr ein Lied entgegen, das viele Stimmen zu Gitarrenbegleitung sangen. Als sie eintrat, sah sie, daß alle Frühstücksgäste an ihren Tischen standen, einander an den Händen hielten und sangen, wobei sie die Kette der Hände hinauf und hinunter schwangen. Wie eine große allgemeine Turnübung sah es aus, aber das Lied gefiel Letty. Sie blickte sich um und entdeckte, daß es der freundliche kleine Mann war, der Begleiter der Prophetin, der Gitarre spielte. Er nickte Letty zu, und als das Lied verklang, reichte er die Gitarre seinem Nebenmann und lief auf sie zu.

»Hallo, meine Liebe«, begrüßte er sie. »Ich bin - ach was, nenn mich wie alle hier Onkel Tommy. Komm, ich habe mit dir zu reden.«

Letty folgte zögernd, als er ihre Hand ergriff und sie hinter sich her zu einem Eckplatz zog. Sie wäre lieber bei ihrer Familie gesessen, andererseits war »Onkel Tommy« ganz offenkundig jemand, der hier eine wichtige Rolle spielte, und es wäre ebenso unhöflich wie unnütz gewesen, Nein zu sagen. Sie setzte sich zu ihm an den kleinen Zweiertisch.

»Bedien dich!« Er schob ihr das Schüsselchen mit den Cornflakes zu. »Erst mal eine solide Grundlage für den Tag, das ist das Wichtigste, nicht wahr? Cornflakes am Morgen vertreiben Kummer und Sorgen!« Er grinste wie ein kleiner Junge, wurde aber dann rasch wieder ernst. »Was gestern geschehen ist, hat dich ein bißchen erschreckt, nicht wahr?« fragte er in väterlichem Ton.

Letty fühlte, wie sie rot anlief. Sie bewegte unbehaglich die Schultern und schlug dabei mit dem Ellbogen schmerzhaft gegen die Stuhllehne. »Es war ... äh, ungewöhnlich«, stammelte sie.

»Ja, sehr ungewöhnlich«, stimmte er zu. »Meine Frau bekommt nicht oft Durchgaben, die einen Menschen ganz persönlich betreffen. Niemand weiß das besser als ich. Niemand weiß das besser als ich. Nun, wir freuen uns natürlich alle sehr darüber.«

Letty gab keine Antwort. Sie war noch ganz damit beschäftigt, daß er »meine Frau« gesagt hatte. Natürlich, sie hätte es sich denken können, aber die beiden waren so unterschiedlich!

»Meine Frau hat dich erschreckt, nicht wahr?« fragte er. Seine Brillengläser blitzten im Licht auf. Letty bemerkte, daß hinter dieser randlosen Brille kleine, scharfe, wasserblaue Augen funkelten.

»Ja«, gab sie eingeschüchtert zu.

Sein Ton wurde warm, fast vertraulich. »Sie hatte ein sehr schweres Leben, weißt du«, sagte er, während er eines der Brötchen auf dem Tisch entzweischnitt und mit Butter und Marmelade zu bestreichen begann. »Und für mich war es auch nicht einfach. Wir waren ein ganz alltägliches Ehepaar, bis ... Gott uns nach seinem Willen berief. Mariellas jüngster Bruder Alexander und ich führten eine kleine Firma, und sie leitete den Haushalt - wir wohnten zusammen in einem hübschen kleinen Haus am Stadtrand. Keiner von uns, mußt du wissen, war besonders religiös. Wir lebten wie alle Menschen. Wir bemühten uns, reich zu werden, wir dachten vor allem an unseren eigenen Vorteil und unser eigenes Vergnügen, wie alle Menschen, die den Geist Gottes nicht haben. Dann - passierte es.« Er hob den Kopf und blickte Letty geradewegs an. »Soll ich weitererzählen?«

»Ja, bitte«, sagte Letty schnell, halb aus Höflichkeit und halb aus Neugier. Sie hatte noch keinen Bissen gegessen. Mit ihrem Magen war irgend etwas nicht in Ordnung. Sie hatte das Gefühl, er würde ihr alles zurückschicken, das sie ihm anbot. So trank sie nur von dem mysteriösen Wasser, das auf allen Tischen bereitstand.

»Es kam ein Tag, der wie ein Ofen brannte, wie die Heilige Schrift uns sagt«, fuhr Onkel Tommy fort. »Wir waren auf dem Heimweg von einem Abendrestaurant, wo wir gegessen und getrunken und nicht an Gott gedacht hatten, als wir auf der nassen Straße einen Unfall hatten. Der Wagen stürzte in den Straßengraben und fing Feuer. Alexander und mir gelang es, uns aus dem Wagen zu retten, aber Mariella, die im Fond saß, konnte nicht entkommen. Die Tür hatte sich verklemmt ... sie war gefangen in dem Wrack, das jeden Augenblick explodieren konnte!«

»O mein Gott«, sagte Letty entsetzt.

Er nickte ernst. »Du sagst es ... O mein Gott! Das war auch mein Aufschrei, als ich das angstverzerrte Gesicht meiner Frau hinter dem Wagenfenster sah und wußte, ich würde hilflos hier stehen müssen und zusehen, wie sie lebendig verbrannte. Es war furchtbar ... sie schlug mit den Händen gegen das Fenster, aber es gab nicht nach ... ich sah Blut aus ihrem Mund rinnen, sie war bei dem Aufprall verletzt worden ... jeden Augenblick konnte der Benzintank in die Luft gehen und den Wagen in einen Feuerball verwandeln, in dem Mariella lebendig verbrannte!« Seine Stimme zitterte, als er fortfuhr. »Zum erstenmal in meinem Leben rief ich Gott um Hilfe an. *O mein Gott*, schrie ich zu Ihm empor, *rette meine Frau, und ich will den Rest meines Lebens deinem Dienst weihen!* Alexander, der ebenso um seine Schwester bangte, schloß sich meinem Gebet an. Seite an Seite knieten wir vor dem brennenden Wrack auf der Straße, erhoben die Hände zum Himmel und schrien um Hilfe in unserer Not. - Und weißt du, was geschah?«

»Nein, was?« fragte Letty atemlos. Sie hatte eine lebhafte Phantasie und konnte sich die Szene in den grellsten Farben ausmalen. Sie roch geradezu den brennenden Lack des Wagens und sah seinen gespenstischen Umriß im Feuerschein. In Gedanken ganz bei seiner Erzählung, löffelte sie Cornflakes auf ihren Teller. Das Unwohlsein hatte nachgelassen. Sie spürte wieder, daß sie Hunger hatte.

»Die Tür sprang auf«, sagte Onkel Tommy. »Dieselbe Tür, die wir zuvor mit vereinten Kräften nicht aufgebracht hatten, sprang von selbst auf. Mariella kletterte aus dem Wrack und lief auf uns zu ... und in dem Augenblick, in dem ich sie in meine Arme schloß, explodierte der Wagen.«

»Wahnsinn.« Letty bemerkte plötzlich, daß sie den Löffel voll Cornflakes immer noch auf halber Höhe zwischen Teller und Mund hielt. Sie schluckte hastig.

»Wir wollten unseren Schwur halten«, fuhr der Mann fort, »und gingen von da ab zur Kirche. Aber Gott zeigte uns rasch, daß das nicht Sein Weg war. Einige Wochen nach dem Unfall hatte Mariella ihre erste prophetische Durchsage. ›Zum Dank für deine Errettung‹, ließ ihr der Heiland ausrichten, ›wirst du von nun an als mein Sprachrohr dienen und den Gerechten den wahren Weg des Heils verkündigen.‹ Und das haben wir getan, obwohl es ein sehr schwerer Weg war. Wir verkauften unsere Firma und zogen los, wie es uns die Bibel befiehlt, wir nahmen kein Geld und keinen Mantel mit, sondern gingen, wie der Herr uns leitete ... wir wurden beschimpft und verspottet und verjagt, vom Teufel geleitete Ärzte wollten Mariella sogar in eine psychiatrische Anstalt sperren, weil sie das Wort des Herrn verkündete. Aber Er war mit uns ... und nun siehst du, wie Er Sein Werk vollendet.«

Als er schwieg, schob Letty ihr Schüsselchen mit den Cornflakes fort. Es kam ihr unhöflich vor zu essen, während er so feierliche Worte sprach. Sie wußte nicht recht, was sie darauf sagen sollte. Ein wenig schämte sie sich, daß sie Mariella in Gedanken eine gräßliche alte Schachtel genannt hatte. Nach allem, was die Frau durchgemacht hatte! Kein Wunder, wenn sie ein wenig eigenartig war. Ihr Mann schien den Leidensweg besser überstanden zu haben als sie, aber die Menschen waren eben verschieden.

»Das ist toll für Sie«, sagte sie schließlich. Sie fühlte sich hilflos. Was konnte man auf eine solche Geschichte antworten?

Onkel Tommy ignorierte die Bemerkung. »Das alles muß sehr fremd für dich klingen, ich weiß«, sagte er und biß in sein Brötchen, als wollte er damit anzeigen, daß sie zu alltäglichen Gesprächen zurückkehrten. »Du hast so etwas nie erlebt - du bist ein hübsches junges Mädchen aus gutem Haus, hast keine Sorge in der Welt und weißt nicht, was es heißt, erniedrigt und verspottet zu werden, sein Kreuz zu tragen -«

Letty war selbst überrascht, wie heftig ihre Antwort klang. »O doch, das weiß ich!« platzte sie heraus. »Ich meine - ich bin sicher keine Prophetin und habe diese Dinge nicht erlebt, aber ich weiß, wie es ist, wenn man ausgelacht wird - und verspottet -«

»Verspottet dich denn jemand?« fragte er ernsthaft.

Sie nickte. »Traude ... und ein paar von den Mädchen in der Schule. Sie schreien mir Sachen nach wie ›Muh, muh, Rehbecks Kuh‹, weil ich - na ja, ich bin ziemlich ungeschickt. Ich schmeiße oft was um oder lasse was fallen.«

»Aber Gott verspottet dich nicht.«

Letty blickte zu Boden und lächelte angestrengt. *Na schön, mag sein,* dachte sie. *Aber was habe ich schon davon, wenn mich irgendein Gott hoch oben im Himmel nicht verspottet? Hier unten brauche ich jemand.*

»Und wir«, fuhr Onkel Tommy fort, als hätte er ihre Gedanken gelesen, »verspotten dich auch nicht. Hast du gehört, was Mariella gestern sagte?«

»Ja.« Bei dem Gedanken an die unangenehme Szene verfinsterte sich Lettys Gesicht. Sie sah wieder den kerzenerhellten Park vor sich, das kreischende Mädchen, die alte Prophetin in ihrem Brautkleid ... das alles war ihr furchtbar peinlich gewesen, und sie wollte es nur so rasch wie möglich wieder vergessen. »Aber ich - ich konnte nichts damit anfangen. Ich habe so etwas noch nie erlebt.«

»Nein, natürlich nicht. Das erlebt man auch nicht alle Tage.«

Sie seufzte erleichtert. Er war nett, dachte sie - und ganz vernünftig. Er verstand offenbar, was sie meinte.

»Du hast etwas ganz Besonderes erlebt«, sagte er. »Der Herr selbst hat durch Mariella zu dir gesprochen. Er hat dich aufgenommen in die Reihen Seiner Gerechten.«

»Was meinen Sie?« fragte Letty vorsichtig, obwohl sie zumindest teilweise ganz genau wußte, was er meinte.

»Nun«, sagte er, »das ist eigentlich recht einfach und doch schwierig zu erklären. Siehst du - Gott liebt die Menschen, und er spricht zu uns, das hast du doch sicher auch in der Kirche schon sagen gehört.« Als Letty zögernd nickte, fuhr er fort: »Nun, so wie er früher durch die Propheten und Apostel gesprochen hat, spricht er heute durch Mariella zu uns. Und wir brauchen nichts weiter zu tun, als ihr zuzuhören, ihr zu gehorchen und zuzulassen, daß der Heiland uns mit dem göttlichen Magnetlicht durchströmt. Dann werden wir rein und heil - wie Er - und sind würdig, in Seine Gemeinschaft aufgenommen zu werden. So einfach ist das.«

Letty fuhr sich nervös mit der Zunge über die Lippen. Sie wußte nicht, ob es sehr ungehörig war, Einwände zu machen, und sie brauchte ihren ganzen Mut, um zu sagen: »Ich habe aber noch nie etwas von Magnetlicht gehört oder in der Bibel gelesen.«

Sie war erleichtert, als Onkel Tommy sich keineswegs ärgerte, sondern sie freundlich anlachte. »Na«, sagte er, »hast du irgendwo in der Bibel etwas von Mikrofonen oder Fernsehgeräten gelesen? Nein? Natürlich nicht. Trotzdem steht auf fast jeder Kanzel ein Mikrofon, und im Fernsehen gibt es religiöse Sendungen. Meinst du, man dürfte keinen Gottesdienst im Fernsehen ansehen, weil es zu Jesu Zeiten noch keinen Fernseher gab?«

»Nein«, gab Letty etwas widerwillig zu. »Aber -«

»Zu verschiedenen Zeiten«, fiel ihr Onkel Tommy ins Wort, »gibt es eben verschiedene Dinge. Stell dir mal vor, wir Christen müßten uns alle so anziehen wie damals und in Sandalen und langen Kitteln herumlaufen, oder wir müßten alle aramäisch sprechen oder in Judäa wohnen, nur weil es die ersten Christen so machten! Nein, nein. Gott hat für jedes Zeitalter seine eigenen Mittel und Wege. Damals waren es eben die Propheten und später die Evangelisten und Apostel, die Gottes Offenbarung verkündeten, und heute sind es begnadete Menschen wie Mutter Mariella, die als Lichtträger auserwählt werden. - Was ist, warum schaust du so?«

Letty zuckte unbehaglich die Achseln. »Ich weiß nicht ... ich verstehe nichts davon. Es klingt alles ziemlich fremd.«

»Es wird dir bald nicht mehr fremd klingen, jetzt, wo du nicht mehr zu den Dunkelmenschen gehörst«, sagte er mit entschiedener Stimme. Sie starrte ihn verdutzt an, und er erklärte: »Wir nennen das so - Dunkelmenschen, die noch keine Erleuchtung erfahren haben, und Lichtmenschen, die das göttliche Magnetlicht durchdrungen hat. Lichtmenschen sind Gottes Menschen, und daher haben sie natürlich auch größere Fähigkeiten als gewöhnliche Menschen. Du erinnerst dich doch, welche Wunder Jesus tat, nicht wahr? Und der Heiland sagte selbst, seine Anhänger würden noch größere Wunder tun als er selbst. Ihre übernatürlichen Kräfte -«

»Übernatürliche Kräfte?« echote Letty verblüfft. »Das heißt, Sie können - ich weiß nicht - auf dem Wasser wandeln und Kranke heilen und -«

Onkel Tommy gab nicht sofort Antwort, sondern aß bedächtig sein Brötchen zu Ende. Erst nach einer ganzen Weile sagte er: »Komm nach dem Frühstück - so gegen zehn Uhr - in mein Büro. Wir müssen über einiges reden ... du weißt wohl, daß deine Eltern sich scheiden lassen?«

»Ja.«

Onkel Tommy beugte sich zu ihr hinüber. »Aber du weißt wohl nicht, daß deine Mutter dich davor gerettet hat, in eine Erziehungsanstalt gesteckt zu werden, oder?«

Letty war immer noch ganz benommen vor Schreck und Verblüffung, als sie eine Viertelstunde später mithalf, das Geschirr abzuräumen. Onkel Tommy hatte ihr nichts weiter gesagt, sondern war aufgestanden und gegangen und hatte sie wie verdonnert sitzenlassen. Erziehungsanstalt! Wie war das möglich? Traude hatte zwar hin und wieder Bemerkungen gemacht, daß viele junge Mädchen sich in einem Internat weitaus wohler fühlten als zu Hause, aber das hatte Letty keine großen Sorgen gemacht. Internate waren sehr teuer, und sie wußte, wie sehr ihr Vater aufs Geld schaute. Aber was sollte das nun heißen: Erziehungsanstalt?

Sie sah sich hilfesuchend nach ihrer Mutter um, aber Evelyne Rehbeck war sehr beschäftigt damit, die Tische abzuräumen und hohe Stapel von Tellern zusammenzustellen. Es war jetzt nicht der geeignete Augenblick, über eine so wichtige Sache mit ihr zu reden.

Während sie noch überlegte, was sie tun sollte, sagte eine junge Stimme an ihrer Seite: »Na komm, steh da nicht rum, hilf mir, das Geschirr in die Küche zu tragen.«

Letty wandte sich um und blickte in das dunkeläugige Gesicht des Mädchens, das am Vortag eine Vision gehabt hatte.

»O - hallo«, sagte sie unsicher.

»Hallo«, sagte das Mädchen freundlich, stapelte aber gleichzeitig in aller Eile Teller aufeinander. Letty blieb nichts anderes übrig, als dasselbe zu tun. Sie sahen einander über einen Stoß Frühstücksgeschirr hinweg an, während sie den Speisesaal verließen und den langen dunklen Korridor zur Küche entlangeilten. Dort herrschte wie am Vortag lebhaftes Getriebe. Ihre Begleiterin redete auf sie ein, und sie hörte zu, ohne Antwort zu geben.

»Du bist die Neue, nicht wahr«, sagte das Mädchen. »Christians kleine Schwester. Das Mädchen mit der speziellen Durchsage. Siehst aber gar nicht so aus, als würdest du dich hier toll wohl fühlen.«

Letty schwieg. Sie hatte keine Ahnung, was sie antworten sollte.

»Eine begeisterte Anhängerin bist du nicht, oder?« fuhr die andere fort.

»Ich kenn mich noch nicht so gut aus.«

»Na, das kommt schon noch. Hier tröten sie dir Tag und Nacht die Ohren voll, nach einer Woche weißt du alles auswendig, was es zu wissen gibt. Dann kannst du auch mitreden - wenn's dir noch Spaß macht.«

Letty stellte ihren Geschirrstapel ab. Jetzt, wo sie nicht mehr fürchten mußte, in einem klirrenden Scherbenregen auf der Erde zu landen, fand sie auch langsam ihren Mut wieder. »Bist du schon lang hier?« fragte sie zurück.

»Mhm. Von Anfang an.« Das Mädchen stellte sein Geschirr ebenfalls ab und wandte sich Letty zu, wobei sie ihr die Hand entgegenstreckte. »Hey. Ich bin Anna Barsony. War nett, dich kennengelernt zu haben. Wir plaudern mal wieder.«

Im nächsten Augenblick war sie zwischen den Arbeitstischen verschwunden.

Letty blieb der Mund offenstehen. *Anna Barsony!* Zweimal am selben Fleck konnte es einen solchen Namen nicht geben. Das Mädchen mußte die Tochter dieses seltsam unheimlichen, weißblonden Mannes sein!

Dann kam ihr ein unangenehmer Gedanke. Hatte er seine Tochter vielleicht beauftragt, sie auszufragen? Hatte Anna deshalb so merkwürdig dahergeredet? Aber sie war überhaupt merkwürdig - gestern hatte sie erst über das geweihte Wasser gelacht und es »unser Zaubertrank« genannt, und gleich darauf hatte sie sich wie verrückt benommen und geschrien, sie sehe einen goldenen Wasserfall am Himmel ... Was meinte sie nun eigentlich wirklich? Und was wollte sie von Letty erfahren?

»Lätitia, du träumst ein bißchen oft.« Eine Hand faßte sie am Ärmel und zog energisch daran. Eva stand neben ihr.

»Entschuldige«, murmelte Letty, noch ganz in Gedanken.

»Du mußt dich nicht bei mir entschuldigen, sondern bei Gott und Seiner Prophetin, daß du unaufmerksam und nachlässig bist«, erwiderte Eva. »Komm, wasch die Vasen hier aus! Wir wollen schnell noch die alten Blumen im Speisesaal wegräumen und die Vasen neu füllen.«

Letty gehorchte etwas verdrießlich. Sie ergriff einen

großen Weidenkorb voll Tischvasen und schleppte ihn zur Spüle. Sie war gerade dabei, jede Vase einzeln mit der Flaschenbürste zu putzen, als ein Arm im feuerroten Ärmel an ihr vorbeigriff und eine freundliche Stimme sagte: »Laß mich nur schnell mal die Seife nehmen.«

Sie blickte sich um und wurde rot vor Verlegenheit, als sie den jungen Mann wiedererkannte. Seine grauen Augen funkelten sie an. Er griff nach der Seife, sie flitschte ihm aber aus der Hand und fiel zu Boden. Sie bückten sich beide zugleich, und diesen Moment nützte er, um sich vorzubeugen und ihr ins Ohr zu flüstern. »Ich muß mit dir reden. Aber nicht hier. Sie dürfen es nicht merken. Komm während des Mittagessens in den Keller hinunter - drück einfach den Knopf K-2 im Fahrstuhl. Es ist lebenswichtig, verstehst du?«

Im nächsten Augenblick war er samt Seife und Putzkübel im Gedränge verschwunden. Letty blieb völlig verdattert zurück. Sie mußte ihren ganzen Verstand zusammennehmen, um sich aufzurappeln und ein unschuldiges Gesicht zu machen, als Eva zurückkam und die Vasen abholte.

Danach mußte sie das Mädchen in den Speisesaal begleiten und ihr mit den Blumen helfen. Sie wäre weit lieber mit ihren Gedanken allein gewesen, aber Eva ließ sich nicht abschütteln. Sie klebte förmlich an ihrer Seite, bis sie den Speisesaal erreicht hatten und dort damit begannen, die kleinen verblühten Sträußchen aus den Tischvasen zu nehmen und in einen Plastikeimer zu werfen. Letty beschloß, das Beste aus der Situation zu machen. Bevor Eva sie ausfragen konnte, wollte sie lieber den Spieß umdrehen. »Wem gehören eigentlich die Hunde?« fragte sie, während sie eine Vase nach der anderen leerte.

»Hier gibt es keine Hunde.«

Letty holte tief Luft, um sich zur Antwort Mut zu machen.

»Doch, ich habe in der Nacht einen bellen gehört. Direkt vor dem Haus.«

Eva blieb stehen und wandte sich halb um. Ihr Gesicht war straff vor Anspannung. »Ja? Bist du sicher?« Sie streifte mit dem Zeigefinger unsicher über die Nase, dann fuhr sie fort: »Nun, vielleicht hat der Hausmeister einen, das weiß ich nicht. Er kontrolliert abends den Park. Vielleicht hatte er diesmal einen Hund dabei.«

»Wozu?«

»Wir müssen vorsichtig sein. Auf einem einsamen Anwesen ist man immer gefährdet.«

Es war das erstemal, daß Letty etwas davon hörte, daß das alte Schloßhotel einsam gelegen war. Die hohen Bäume verstellten zwar nach allen Richtungen den Blick, aber sie war die ganze Zeit überzeugt gewesen, sich mitten im dichtbesiedelten Gebiet zu befinden. Es war kein angenehmer Gedanke, daß sich rundum vielleicht kilometerweit der finstere Wald erstreckte.

»Meinst du Einbrecher und so?« fragte sie neugierig.

»Und so, ja«, antwortete Eva sarkastisch. »Ich dachte weniger an Einbrecher als an eine andere Art von Verbrechern ... Verbrecher gegen Gott!« stieß sie dann plötzlich so wild und leidenschaftlich hervor, daß Letty vor Schreck den Eimer losließ und die nassen, welken Blumen sich über den Boden des Speisesaals ergossen. Blutrot vor Unbehagen kauerte sie sich nieder und sammelte die Sträußchen ein. Evas Stimme schien von weither zu kommen. »Die Feinde des Allmächtigen! Die Feinde der Prophetin! Es wäre nicht das erstemal, daß sie hier einzudringen versuchten - neugierige Reporter, die Stoff für Klatschgeschichten und Hetzartikel suchen, neugierige Touristen, die uns über die Parkmauern gaffen, und - und Schlimmeres.« Sie beruhigte sich so unerwartet, als hätte eine unsichtbare Hand ihr den Mund zugehalten. Sie atmete ein paarmal tief und keuchend durch, dann sagte sie mit sichtlicher Anstrengung: »Wir wollen unbehelligt bleiben. Sie schleppen all das herein, was wir nicht wollen, die Welt mit ihrem Schmutz, ihrer Geldgier, ihrer Unmoral, ihrer Neugier, sie verseuchen und verpesten alles -«

»Verseuchen -?« Mit einem Schlag fiel Letty wieder ein, was Christian Seltsames gesagt hatte - dunkle, stinkende Wolken, die aus den Gedanken böser Menschen quollen ...

»Ja, natürlich«, schnappte Eva, während sie sich aufrichtete und den Plastikeimer vorsichtshalber auf einen Stuhl stellte. »Meinst du, man könne sich nur körperlich verseuchen? Wir wollen unsere Seelen rein und gesund erhalten. Aber diese Leute kommen herein und bringen ihre schmutzigen Gedanken, ihre perversen Gelüste, ihre gierigen Herzen, all ihren Dreck schleppen sie hier herein, während wir uns abmühen, uns rein zu halten ...« Sie warf einen Blick auf Lettys Gesicht und wechselte den Tonfall. »Ach komm - gaff nicht so verschlafen, wir müssen hier fertig werden. Hoppauf.«

Schlag zehn Uhr stand Letty im Dachgeschoß des Schloßhotels auf einem langen, mit rotem Kokosläufer ausgelegten Korridor. Sie hatte schweißfeuchte Hände, als sie an die schöne Holztür klopfte, auf der BÜRO stand. Seit dem Frühstück hatte sie zweimal rasch auf die Toilette rennen müssen, weil sie neuerlich Bauchkrämpfe und Durchfall bekommen hatte. Inzwischen fühlte sie sich wieder besser, aber sie hatte Angst, es würde sie ausgerechnet mitten im Gespräch mit Onkel Tommy überfallen.

Die Tür wurde auf ihr Klopfen hin augenblicklich geöffnet, nicht von Onkel Tommy selbst, sondern von einem kräftigen jungen Mann in weißer Uniform. Er starrte sie durch einen Spalt mißtrauisch an, bevor er die Tür ganz öffnete und Letty winkte einzutreten. »Komm mit«, befahl er und führte sie - wobei er sie unangenehm fest am Arm packte - durch ein Vorzimmer in einen großen Raum mit einem mehrteiligen Fenster. Es war sehr hell darin; die Morgensonne flutete durch weiße Papierjalousien und malte breite goldene Streifen auf den hellen Teppichboden. An einer Wand hing ein Gemälde, so riesig, daß es fast über die ganze Wand reichte. In Grün- und Rosatönen stellte es eine Gruppe Gestalten dar, die sich wie eine Seifenblase von der Erde lösten und in einem Strahl goldenen Lichts gegen Himmel aufstiegen, während eine dunkle Schar ihnen fassungslos nachstarrte. Eine Grünpflanze stand in einem Winkel, eine Sitzgarnitur aus rauchfarbenem Leder nahm die ganze Stirnwand des Raumes ein. Onkel Tommy saß bereits in einem der wuchtigen Sessel, und ihm gegenüber saß ihre Mutter.

Letty atmete erleichtert auf, als sie bemerkte, daß sie bei dem Gespräch nicht allein sein würde. Kaum hatte der Weißuniformierte sie losgelassen, ging sie zur Sitzgarnitur hinüber und nahm Platz. Onkel Tommy schob ihr ein Tablett zu, auf dem ein großes Glas Orangensaft stand. »Nimm nur ... nun, Letty, wir wollen sofort zur Sache kommen, Unangenehmes bringt man am besten rasch hinter sich. Ich sagte dir ja schon - deiner Mutter und deinem Bruder ist es in letzter Sekunde gelungen, dich vor einem sehr schlimmen Schicksal zu bewahren.« Letty wollte ihn mit einer Zwischenfrage unterbrechen, aber er winkte scharf ab. »Laß mich ausreden, Kind, danach kannst du Fragen stellen. Jetzt rede erst einmal ich.« Als sie eingeschüchtert den Kopf senkte, fuhr er fort. »Wie du weißt, ist dein Vater ... ist Albert Rehbeck nicht daran interessiert, den Weg des Heils zu gehen. Er hat eine unmoralische und oberflächliche Person gefunden, die ihn mehr reizt als Gottes Angebot, in das Reich der Gerechten aufgenommen zu werden ... nun, er wird seine Entscheidung zu verantworten haben. Du weißt gewiß, daß er und seine - deine zukünftige Mutter Feinde und Gegner unserer Glaubensgemeinschaft sind.«

Da er eine Pause machte und sie abwartend ansah, wagte Letty, mit »Ja« zu antworten. Sie hätte gerne viel mehr gesagt, aber sie hatte den Rüffel, den sie kurz zuvor bekommen hatte, noch in Erinnerung.

»Albert Rehbeck hat einige Maßnahmen getroffen,

um deiner Mutter und deinem Bruder zu schaden«, fuhr Onkel Tommy fort. »Einiges ist dir vielleicht bekannt ... beispielsweise, daß er sich weigert, Christians Studium weiterhin zu finanzieren, solange er sich zu seinem Glauben bekennt.«

Wieder nickte Letty, obwohl ihr einfiel, daß es so nicht ganz richtig formuliert war - Christian hatte sein Chemiestudium aufgegeben, als er sich PLUS LUCIS angeschlossen hatte, und Vati hatte ihm gesagt, das Nichtstun finanziere er ihm nicht. Sie hatte die Worte noch ganz deutlich im Ohr.

»Anderes«, sagte Tommy, »ist so häßlich und gemein, daß man gar nicht darüber reden möchte ... bösartige Verleumdungen, die den Namen deiner Mutter in den Schmutz ziehen sollen ... und du bist ihm jetzt auch im Wege. Wir haben - glücklicherweise noch rechtzeitig - davon Kenntnis erlangt, daß du in ein Internat gesteckt werden sollst, sobald die Scheidung vollzogen und Albert Rehbeck der einzig Erziehungsberechtigte für dich ist. Diese Briefe hier beweisen es.« Er öffnete eine rote Ledermappe, die vor ihm auf dem Couchtisch lag, ließ flüchtig ein paar Papiere sehen und schlug die Mappe wieder zu. »Allerdings dachte er ... Albert Rehbeck ... nicht an ein gewöhnliches Internat, wie es für die Tochter eines Unternehmers angemessen wäre, sondern an eine Institution, in der du sozusagen *umerzogen* werden sollst. Ist dir das Wort *deprogrammieren* ein Begriff?«

»Nein. Was heißt das?«

»Das heißt, daß man dich dort mit allen Mitteln zwingen wird, den Kontakt zu uns - deiner Mutter - deinem Bruder - der zukünftigen Frau deines Bruders abzubrechen. Man wird dich erst wieder gehen lassen, wenn du gelernt hast, deine Mutter zu hassen und deinen Bruder zu verabscheuen.«

»Ich würde euch nie verabscheuen«, sagte Letty verstört.

»Das ist gut von dir, Lätitia«, sagte Onkel Tommy, »aber dann würden sie dich lange dort festhalten und doppelt grausam behandeln. Du dürftest dieses Internat erst wieder verlassen, wenn du beweist, daß du dich von deiner Familie abgewandt hast. Sie werden dich prüfen, verstehst du? Sie werden verlangen, daß du Fotos deiner Mutter zerreißt und deinem Bruder böse und gemeine Briefe schreibst.«

»Das können sie doch nicht«, stammelte Letty.

Er seufzte schwer. »Du ahnst nicht, was sie alles können, meine arme Lätitia. Sie sagten mir seinerzeit auch, sie würden Mariella für immer in ein Irrenhaus stecken, wenn sie nicht bereit sei, Gott zu verleugnen und seinem Wort abzuschwören. Kannst du dir das vorstellen? Sie wollten sie zwingen, Gott einen Lügner zu nennen und ihm den Dienst zu verweigern.«

Letty warf ihrer Mutter einen hilfeflehenden Blick zu. Evelyne Rehbeck fuhr sich mit der Handfläche über die nassen Augen und nickte. »Es stimmt alles, Lämmchen«, beantwortete sie die unausgesprochene Frage. »Ich war außer mir vor Sorge ... deshalb bat ich Christian, dich abzuholen und zu uns zu bringen. Es war einfach ein impulsiver Gedanke - ich hatte schrecklich Angst um dich. Ich fürchtete, sie würden - sie würden vielleicht gar nicht bis zum Scheidungstermin warten ...«

Betroffen senkte Letty den Kopf. Sie wurde nicht

klug aus alldem. Ja, es stimmte, Traude hatte von einem Internat gesprochen. Und Vati hatte mehr als einmal gesagt, wer den Unsinn glaube, gehöre doch in ein Irrenhaus, und das lebenslänglich. Aber was Onkel Tommy da erzählte, das klang so unbegreiflich, - so schrecklich - sie konnte nicht glauben, daß Vati zu so etwas imstande war. Er hatte sie doch irgendwie gern. Nicht so offensichtlich vielleicht, aber manchmal hatte er sie ja doch »mein kleiner Schatz« genannt und ihr die Bettdecke zurechtgestopft und ihr erklärt, warum man sich bei Gewitter nicht fürchten muß ... früher, als sie klein gewesen war. Später hatte er öfters gesagt: *Meine Güte, Letty, du hast eine Figur wie ein Baseballspieler. Versuch doch mal, ein bißchen weiblich zu wirken, auch wenn es dir schwerfällt. Du bist schließlich ein junges Mädchen.*

Es hatte weh getan, solche Worte zu hören. Er hatte ihr oft weh getan. Aber sie einsperren? In einem Internat ich-weiß-nicht-wo? Einem Internat, in dem sie lernen sollte, ihre eigene Mutter zu hassen? Sie hatte gelesen, daß es in totalitären Staaten solche Anstalten gab, weit weg in China und in Südamerika, aber dort gab es ja auch Militärpolizei und nächtliche Hausdurchsuchungen. Hier gab es das alles nicht, und es gab auch keine Väter, die ihre Töchter in Anstalten einsperrten.

Onkel Tommys freundliche Stimme unterbrach ihre Gedanken. »Ich sehe, es fällt dir schwer, das zu glauben, Lätitia. Das verstehe ich. Auf den ersten Blick konnte - und wollte - ich auch kein Wort davon glauben. Es erschien mir einfach zu entsetzlich. Aber in dieser Welt geschehen nun einmal schlimme Dinge, damit müssen wir uns abfinden ... und vor allem geschehen sie den Gerechten des Herrn.« Er zog zwei buntglänzende Zeitschriften aus einem Fach unter dem Couchtisch. »Lies dir das einmal durch, dann reden wir noch einmal über die ganze Sache. Inzwischen bist du natürlich unser Gast. Hab keine Angst. Hier bist du in Sicherheit und unter Menschen, die dich lieben.« Er stand auf und drückte eine Klingel. Sofort erschien der weißuniformierte Bursche mit dem Stoppelhaarschnitt wieder und ergriff Lätitia am Arm. Sie warf ihrer Mutter einen Blick zu, aber Evelyne Rehbeck betrachtete sie nur mit schwimmenden Augen, drückte ein Küßchen auf die Fingerspitzen und warf es hinüber.

Der Mann im Keller

Das Mittagessen war an diesem Tag eine freudlose Angelegenheit. Mehr als die Hälfte der Tische im Speisesaal - wegen der großen Hitze wurde drinnen gegessen - blieben unbesetzt. Evelyne Rehbeck war nicht zum Essen erschienen, nur Eva und Terry saßen mit Letty am Tisch. Beide fühlten sich nicht wohl.

Terry sah aus, als hätte sie Fieber. Ihr Gesicht über dem weißen Spitzenkragen ihres Kleides wirkte aufgedunsen, und sie tupfte sich immer wieder mit dem Taschentuch Stirn und Wangen ab.

»Soll ich dich auf dein Zimmer begleiten?« bot Letty an. »Vielleicht solltest du dich lieber hinlegen.«

Terry lächelte. »Lieb von dir, aber ... ich werde versuchen, etwas Suppe zu essen. Es müßte mir eigentlich bald besser gehen. SIE hat mich heute morgen gesegnet, mußt du wissen.«

»Ja?« Letty war vorsichtig geworden. Sie stellte die Frage nicht, die ihr auf der Zunge lag: ob Terry wirklich glaube, daß der Segen der alten Prophetin allein genügen würde, sie gesund zu machen.

Terry glaubte aber offenkundig ganz fest daran. »Ich merke, wie es besser wird«, sagte sie. »Wirklich, ich fühle mich nach jeder Behandlung viel besser. Jetzt werde ich bald gesund sein.«

»Ja, sicher«, sagte Letty leise und streichelte mit einer flüchtigen Bewegung ihre Hand. »Du wirst ganz sicher gesund. Ich glaube es auch.«

Terry stand auf, kaum daß die Suppenteller abgetragen wurden, entschuldigte sich, sie könne keinen Bissen mehr essen, und verließ den Raum. Eva fühlte sich auch nicht besonders wohl, ihr Gesicht war gerötet, und kleine helle Schweißtropfen standen auf ihrer Stirn. Letty erfuhr, daß sie nicht die einzige war, die an Bauchkrämpfen litt. Das unerfreuliche Leiden war Gesprächsthema Nummer Eins an allen Tischen. Wie sie hörte, war gut die Hälfte der Sektenmitglieder krank. Manche gaben der Hitze die Schuld, bei der es auch bei größter Vorsicht leicht passieren konnte, daß Lebensmittel verdarben, andere sprachen von einer Infektion.

Eine Frau am Nebentisch sagte: »Das konnte nur passieren, weil sie Dunkelmenschen den Zugang gestatten. Die schleppen Viren und Bazillen ein.«

»Ja, schon, aber was willst du machen?« erwiderte eine andere. »Wir brauchen sie einfach. *Ich* möchte nicht irgendwas anfassen müssen, was mich dunkel bestrahlt. Du etwa?«

»Es wäre ideal«, bemerkte die dritte Frau am Tisch, eine dicke Person, der die Hitze offensichtlich schwer zu schaffen machte, »wenn alles vollautomatisch wäre ... weißt du, so daß es gar nicht nötig ist, mit schmutzigen Dingen in Kontakt zu kommen. Das könnten dann alles Computer und vollautomatische Anlagen übernehmen. Wenn wir erst in Südamerika sind -«

Da schlug eine der anderen mit dem Löffel scharf an den Tellerrand, daß es klirrte, und die Dicke wurde rot bis unter den Haaransatz und schwieg erschrocken. Letty, die genau wußte, wann irgendwo »dicke Luft« war, beugte sich tief über ihren Teller und löffelte eifrig ihren Spinatpudding.

Sie war insgeheim sehr erleichtert, daß Eva nicht ganz fit war, das würde es ihr leichter machen zu verschwinden, ohne daß das Mädchen sich an ihre Fersen heftete. Dennoch klopfte ihr Herz heftig. Wie immer, wenn sie ein schlechtes Gewissen hatte, fürchtete sie, daß man ihr die Heimlichkeiten an der Nasenspitze ansah. Seit dem Gespräch mit Onkel Tommy hatte sie verzweifelt versucht eine Lösung zu finden. Was sollte sie tun? Sie war neugierig, was der junge Mann ihr zu sagen hatte, und er hatte so dringlich gesprochen. Andererseits ließen sich nur sehr dumme Mädchen in den Keller locken. Was sollte sie tun, wenn er sie belästigte? Dann konnte sie nicht einmal um Hilfe schreien. Aber wenn er ihr nun wirklich etwas Wichtiges zu sagen hatte?

So drehten sich ihre Gedanken im Kreis, bis sie erschrocken erkannte, daß sie sich beeilen mußte, wenn sie ihn überhaupt noch antreffen wollte. Sie sprang auf und entschuldigte sich bei Eva damit, sie müsse dringend hinaus. Eva kümmerte sich ausnahmsweise kaum darum, was Letty tat. Sie starrte vor sich hin und stocherte lustlos in ihrem Teller herum.

Letty eilte den langen Korridor in Richtung Küche entlang bis zu den Waschräumen und huschte dann, als nirgends jemand zu sehen war, zum Fahrstuhl hinüber. Hastig drückte sie den Knopf K-2. Wenn irgend jemand sie entdeckte, dachte sie, würde sie rasch erklären, sie hätte zum Schlafsaal hinauffahren wollen, um ihren Strohhut zu holen, aber versehentlich den falschen Knopf gedrückt. Es kam jedoch niemand. Sie war die einzige Passagierin im Lift, als er langsam abwärts fuhr, an der Metalltür K-1 vorbeiglitt und schließlich bei K-2 mit einem sanften Stoß aufsetzte. Die automatische Tür öffnete sich.

Letty spähte angstvoll hinaus.

Der Raum, in dem der Lift gelandet war, war lang und niedrig gewölbt wie eine Gruft, und er sah im Licht der sparsamen Kellerbeleuchtung auch so trübselig und traurig aus. Hier wurde anscheinend nur Gerümpel aufbewahrt, sie sah Regale voll uralter Zeitungen und Illustrierten, sah einen zerfledderten Wäschekorb, in dem ein paar Lumpen lagen, zerbrochene Lampenschirme, spinnwebüberzogene Flaschen, einen rostigen Grill. Sie blickte sich nach allen Seiten um –, da tauchte der junge Mann hinter einem der Regale auf und kam hastig auf sie zu. Sein Gesicht leuchtete weiß im trüben Zwielicht des Kellers, und seine Augen funkelten wie Katzenaugen. Letty hatte das Gefühl, daß sie von innen heraus leuchteten, was bei hellen Augen oft vorkommt. Ein unbehaglicher Schauder lief ihren Rücken entlang.

»Hey«, sagte er und lächelte trotz der Anspannung, die sein Gesicht straff und hart erscheinen ließ. »Ich bin froh, daß du gekommen bist. Übrigens - ich bin Janek.« Seine Stimme klang angenehm und verwischte den unheimlichen Eindruck, den seine Erscheinung auf sie gemacht hatte.

»Ich bin - ich habe -«, stotterte Letty, die sich in dem unterirdischen Gewölbe fürchtete. Wie gruselig es hier aussah! Wie in einer Totengruft! Und wer wußte, wer und was noch alles hinter den Regalen voll staubiger Papierhaufen versteckt lauerte!

»Laß das«, sagte er schnell und ergriff ihre Hand. Seine Finger waren warm und trocken, aber sie zitterten leicht. »Du mußt mir zuhören. Was wir hier machen, ist sehr gefährlich, wir dürfen nicht lange reden. Letty - du darfst niemand von unserem Gespräch erzählen, sonst geht es dir und mir schlecht, verstanden?«

Sie nickte erschrocken.

»Ich hab dir schon mal eine Warnung geschickt -«

»Sie waren das?« rief Letty. »Sie haben mir diesen Zettel -«

»*Hör mir zu*«, unterbrach er scharf. »Du mußt raus hier. Sofort, wenn's geht. Sie fahren vielleicht schon heute nacht ab.«

»Wer fährt ab?« Letty starrte ihn mit offenem Mund an.

»Die Leute hier ... das ganze Himmelsvolk. Deshalb hat dich dein Bruder doch hergebracht.« Als sie ihn weiterhin nur verständnislos angaffte, machte er eine ungeduldige Geste mit beiden Händen. »Hast du denn überhaupt keine Ahnung? Sie fliegen nach Südamerika. Heimlich. Damit Leute wie dein Vater und alle möglichen anderen Verwandten und Bekannten sie nicht zurückhalten können. Deshalb haben sie sich doch alle hier am Arsch der Welt versammelt.« Mit einem Mal packte er Letty fast grob am Arm. »Kind, du mußt von hier verschwinden, oder du findest dich hinter einem Stacheldrahtzaun in Chile wieder.«

Letty wich zwei Schritte zurück. Sie fühlte sich völlig verstört. »Das - das glaub ich nicht«, stammelte sie. »Mutti würde so etwas nie tun, und Christian auch nicht - sie haben mich lieb -«

Er fuhr sich mit dem Handrücken über die Stirn und zwang sich ruhig zu sprechen. »Hör zu. Ich kann dir das jetzt nicht in allen Einzelheiten erklären. Deine Mutter und dein Bruder glauben diesen Leuten jedes Wort. Sie werden alles tun, was ihnen die Prophetin befiehlt. Sie stecken total drin, verstanden? Aber du steckst noch nicht drin. Du -« Er zuckte zusammen und horchte. Plötzlich sah er aus wie ein lauernd aufgerichtetes Frettchen. »Da kommt jemand. Verschwinde hinter das Regal und rühr dich nicht! Hörst du? Um Himmels willen, rühr dich nicht!«

Letty konnte kaum noch denken. Sie stürzte in heller Panik hinter das Papierregal, kauerte sich im Winkel zusammen und preßte einen Moment lang sogar die Hände über die Ohren, bis ihr klar wurde, daß sie wenigstens hören mußte, wenn sie hinter den Bündeln staubiger Makulatur schon nichts sehen konnte. Ihr Herz schlug, als wollte es bei den Ohren herauskommen. Sie spürte, wie ihr der Schweiß unter den Achseln hinablief. Was war hier los? Was hatte das alles zu bedeuten? Erst erzählte ihr Onkel Tommy, sie solle in eine Anstalt gesteckt werden, jetzt erzählte ihr dieser junge Mann, sie solle nach Südamerika verschleppt werden - völliger Unsinn! Aber - was hatte die Frau im Speisesaal gesagt? - *Wenn wir erst in Südamerika sind -*

War das tatsächlich möglich?

Und jetzt kamen schwere Schritte draußen den Gang entlang ... blieben stehen ... »Wer ist mit dem

Lift heruntergefahren?« fragte eine unfreundliche Stimme.

»Ich. Warum?« antwortete Janek.

»Das Personal hat keine Berechtigung, den Lift zu benützen. Er ist den Mitgliedern der Gemeinschaft vorbehalten. Sie können verdammt noch mal auf eigenen Beinen die Treppen runterlaufen!« schnauzte der Unbekannte.

»Ich werd's mir merken«, sagte Janek.

»Und statt hier sinnlos rumzuscharren, könnten Sie sich oben nützlich machen. Die Toiletten müssen gewischt werden, da sieht es saumäßig aus; es sind viele Leute krank. Los, los! - Und zwar zu Fuß«, fügte er hinzu. Gleich darauf hörte Letty ein Klicken und das Surren des Fahrstuhls, der sich in Bewegung setzte.

Sie atmete auf. So, wie die Stimme geklungen hatte, wäre sie dem Mann nicht gern begegnet.

Janek schob den Kopf um die Ecke des Regals. »Kannst rauskommen, er ist weg«, sagte er leise. Sie schüttelte den Kopf. Hier im Winkel erschien es ihr sicherer als draußen. Janek zuckte die Achseln und kauerte sich ebenfalls hin. Mit gedämpfter Stimme sprach er auf sie ein.

»Du mußt raus hier«, wiederholte er. »Sie werden wohl nicht heute nacht fahren, wenn so viele krank sind, aber es kann nicht mehr lange dauern.« Er beugte sich vor und legte beide Hände auf ihre Schultern. »Ich kann dich hier rausbringen«, flüsterte er. »Ich weiß einen Weg. Ohne meine Hilfe kämst du hier nicht mehr raus, aber ich kenn die Löcher im Zaun. Paß jetzt gut auf. Sonntagabend ist die Anbetung auf dem See, das ist ein günstiger Zeitpunkt, weil sie alle beim See zusammenrennen, um den Segen der Prophetin zu empfangen - es sind dann keine Wächter im Park unterwegs. Hier im Haus gibt es ein kleines Krankenrevier, sie nennen es das Doktorzimmer. Es liegt am Ende des Korridors im Parterre. Da kommst du um elf Uhr abends hin, während sie draußen bei der Anbetung sind. Ich bin dort, und ich bringe dich raus hier.«

»Aber -«

»Aber! Aber! Nichts aber!« fuhr er sie mit scharfer, aber gedämpfter Stimme an. »Wenn du hier rauskommen willst, ist das vielleicht deine letzte Chance. Ich hau am Sonntag hier ab, und ohne mich kommst du nicht raus. Wenn wir ein bißchen Ruhe haben, erkläre ich dir alles. Jetzt schau zu, daß du zu den Leuten zurückkommst, denk dir eine gute Ausrede aus. Und vergiß nicht - elf Uhr!« Plötzlich nahm er ihr Gesicht zwischen beide Hände und drückte ihr einen raschen Kuß auf die Wange. »Letzte Chance. Verpaß sie nicht!« flüsterte er.

Darmgrippe

Zwei Minuten später kauerte Letty in einer der Toilettenkabinen und versuchte sich wieder zu fassen. Was für wahnsinnige, verrückte Ideen die Leute hier alle hatten! Erst sollte sie um ihrer Sicherheit willen unbedingt hierbleiben, dann sollte sie unbedingt fortlaufen! Und jetzt saß sie hier in dem halbdunklen, engen Kämmerchen, schwitzte und zitterte und bemühte sich verzweifelt, die Schmutzflecken auszuwaschen, die der Staub hinter den Bücherregalen auf ihrem weißen Kleid hinterlassen hatte. Als an die Tür geklopft wurde, hätte sie vor Schreck beinahe aufgeschrien.

»Letty? Letty, bist du da drinnen?« rief Eva von draußen. Sie klang sehr besorgt und nervös. »Was in aller Welt machst du?«

Letty schluckte ihren Speichel hinunter. »Ich - ich mach mich nur sauber. Mir ist was passiert. Mir war schlecht«, rief sie durch die Tür. Ihre Stimme klang wirklich wie die einer Kranken, so aufgeregt war sie. »Ich habe mein Kleid angespuckt.« Wenigstens würde das erklären, warum sie wie wild an ihrem Kleid herumgeputzt und es am Waschbecken gewaschen hatte.

»Pfui Teufel«, rief Eva angewidert. »Wasch dich ordentlich, ja, und reinige dich mit dem heiligen Wasser!« Nach kurzem Zögern fügte sie hinzu: »Mir geht es nicht gut ... ich hole mir ein Heilmittel. Wir sehen uns bei der Anbetung.«

Letty atmete auf. Wenigstens Eva war sie los!

Sie wartete noch ein Weilchen, bis sie sicher sein konnte, daß das Mädchen verschwunden war, dann verließ sie vorsichtig die Toilette und schlüpfte hinaus. Im Korridor war kein Mensch zu sehen, aber hinter einer Biegung hörte sie lärmendes Stimmengewirr. Neugierig eilte sie hin.

Der graugetäfelte Korridor machte hier einen scharfen, L-förmigen Winkel. Den kurzen Schenkel dieses »L« bildete ein Zimmer, auf dessen Tür ein behelfsmäßiges Schildchen HEILMITTELAUSGABE hing. Letty erinnerte sich daran, was Christian ihr erzählt hatte - PLUS LUCIS produzierte Heilmittel und sandte sie an die Kranken in aller Welt. Rund fünfzig oder sechzig Menschen drängten sich vor diesem Zimmer. Sie wurden paarweise eingelassen und kamen gleich wieder heraus, weiße Pappschachteln und kleine Flaschen in Händen. Offenbar holten sie die Heilmittel nur ab, denn von einem Arzt oder einer Ärztin oder auch nur einer Krankenschwester war nirgends etwas zu sehen. Aber links, am äußersten Ende des »L«, führte eine steile Wendeltreppe ins Kellergeschoß hinunter, und dort herauf kamen zwei Frauen mit großen Kartonschachteln. Sie eilten ins Doktorzimmer und stellten sie auf einem langen Tisch ab, auf dem sich Fläschchen und Päckchen stapelten. Dazwischen standen ganze Kartons voll Plastikbecher, und jeder, der das Zimmer betrat, erhielt einen Becher voll Magnetlicht-Wasser ausgeschenkt.

Während Letty noch da stand, hörte sie plötzlich ihren Namen rufen. Sie fuhr herum. Christian drängte sich durch die Menge der Wartenden. Er sah verschwitzt und aufgeregt aus, sein weißes Hemd stand am Hals offen, die Ärmel hatte er aufgerollt. Er kämpfte sich bis zu Letty durch.

»Letty! Hat's dich auch erwischt? Wo ist der Arzt?«

»Ich hab keinen gesehen.«

Christian schlug sich mit der Faust in die offene Handfläche. »Verd ...! Es muß doch irgendeinen Arzt hier geben! Terry geht es hundsmiserabel ... sie war ohnehin so schwach, und jetzt das ... Letty, Kind, kommst du allein zurecht?«

»Klar. Ich bin okay«, sagte sie rasch. »Soll ich laufen und einen Arzt suchen?«

»Wir haben hier keine Ärzte«, sagte ein Mann, der in der Schlange angestellt stand. Er hatte ihr Gespräch mitgehört. »Gott ist unser Arzt. Wir vergiften uns nicht mit schädlichen Substanzen. - Und du, junger Mann«, wandte er sich an Christian, »solltest Gott nicht mit Fluchworten beleidigen. Du solltest -«

»Ach, pfeif drauf, was ich sollte«, rief Christian, kehrte auf dem Absatz um und rannte mit langen Schritten den Korridor hinunter.

Der Mann starrte ihm böse nach. »Das wird der Prophetin gemeldet werden«, zischte er zwischen den Zähnen. »Jawohl, das wird der Prophetin gemeldet!«

Letty stand da und wußte einen Moment nicht, was sie tun sollte. Dann rannte sie drauflos, aber nicht hinter Christian her, sondern die Treppe hinauf. *Onkel*

Tommy, dachte sie. Er konnte helfen. Er *mußte* helfen. Er war so nett zu ihr gewesen.

Sie stürmte den Korridor entlang und hämmerte an der Tür mit der Aufschrift BÜRO. Sofort wurde geöffnet, wieder von einem weißuniformierten Mann, der wie ein Baseballspieler aussah. »Was willst du?«

»Ich muß Onkel Tommy sprechen.«

Er schüttelte den Kopf. »Du hast keinen Termin. So einfach hier reinplatzen, das geht nicht.«

»Aber Terry ist krank! Es geht ihr schlecht!«

»Krank wird nur, wer gesündigt hat«, sagte er und schloß die Tür wieder.

Letty stand davor und starrte das Holz an. Sie keuchte förmlich vor Empörung. Sie hob sogar die Faust, um noch einmal an die Tür zu pochen, aber dann verließ sie der Mut, und sie stand einfach da und wußte nicht, was sie tun sollte.

»Na? Hat es dir in die Suppe gehagelt?« fragte eine freundliche Männerstimme.

Sie wandte sich erschrocken um. Eine der Türen weiter hinten im Korridor hatte sich geöffnet, und im Türrahmen stand Alexander Barsony. Er lächelte, daß alle seine gleichmäßigen, schneeweißen Zähne blitzten. Dann, als er ihr ins Gesicht blickte, wurde er ernst. »Was ist passiert?« fragte er.

Letty stotterte. »Terry ... sie ist krank ... schlimm krank ...«

Er kam auf sie zu. »Eine Menge Leute sind krank, Mädchen. Irgend jemand hat uns eine Infektion eingeschleppt, und jetzt leiden wir alle darunter.«

»Ja, aber bei Terry ist es besonders schlimm, weil sie vorher schon krank war. Sie ist zaundürr und bleich und -« Tränen sprangen ihr in die Augen. »Sie könnte doch sterben.«

»Da sehen wir nicht tatenlos zu. Komm mit.« Er faßte sie an der Schulter und schob sie vor sich her in das Zimmer, aus dem er eben herausgetreten war. Letty fand sich in einem großen, elegant eingerichteten Büroraum. Sie nahm gehorsam auf einem Besuchersessel Platz und hörte zu, wie Alexander Barsony mit irgend jemand telefonierte. »Terry - Christian Rehbecks Verlobte«, sagte er. »Kümmert euch sofort um sie. Sofort, verstanden? Es geht ihr schlecht. Das Mädchen ist eben erst von langer, schwerer Krankheit genesen. Ich möchte zum Abendessen einen Bericht, wie es ihr geht.« Er legte den Hörer auf und wandte sich an Letty. »So! Jetzt hast du eine Sorge weniger, nicht wahr?«

Sie lächelte ihn schüchtern an. »Ja, so kann man's sagen. Vielen Dank.« Plötzlich hatte sie das Gefühl, daß er gar nicht so besonders unheimlich aussah. Bei hellem Tageslicht wirkte er überhaupt nicht außergewöhnlich. Er schien sehr tüchtig zu sein, denn sein cremefarbener Schreibtisch, auf dem ein Computer stand, war bedeckt mit Papieren und Büchern, und an der Wand dahinter hingen verschiedene Statistiken. Und eine Weltkarte.

Lettys Blick wanderte unwillkürlich zur südlichen Hälfte des amerikanischen Kontinents. Sie wußte nicht viel darüber, nur, daß die meisten Länder dort arm waren. In ihren Gedanken tauchten unbestimmte Bilder von elenden Dörfern, dunkelhäutigen Menschen, staubigen Straßen und Wellblechhütten auf. Es waren keine sehr anziehenden Bilder. Warum sollte

PLUS LUCIS in eines dieser armen und entlegenen Länder umsiedeln, wenn der Gemeinschaft hier dieses herrliche Hotel gehörte?

»Möchtest du etwas trinken?« fragte der Mann, wartete aber nicht ab, was sie antwortete, sondern holte aus einem kleinen Eisschrank eine Flasche Apfelsaft. Er steckte einen Strohhalm hinein und schob ihr die Flasche zu. »Ich bin froh, daß ich dich getroffen habe«, sagte er. »Ich wollte mir dich schon näher ansehen. Du bist ein sehr ungewöhnliches Mädchen. Es ist kein Wunder, daß der Herr dich erwählt hat.«

»Ich weiß nicht«, murmelte Letty verlegen. Es hätte wohl keinen Sinn gehabt, Alexander Barsony Begeisterung vorzuheucheln - seine wasserblauen Augen hatten einen Blick, als könne er durch Wände sehen -, aber sie wagte auch nicht, Zweifel oder Kritik zu äußern. »Es ist alles so neu - so fremd -«

»Ja, gewiß. Das ist bei allen so«, stimmte er ihr unbekümmert zu. »Deinen Lichtleib wirst du erst später fühlen lernen.«

»Meinen was?« platzte sie heraus und verbesserte sich dann erschrocken: »Wie bitte? Lichtleib?«

»Ja.« Er setzte sich in seinen Arbeitssessel und legte unbekümmert die Beine auf die Schreibtischplatte. Seltsamerweise brachte er es fertig, in dieser Haltung elegant zu wirken. »Du hast ihn gestern abend erhalten, in dem Augenblick, als dich das Magnetlicht durchströmte«, fuhr er in geschäftsmäßigem Ton fort, als rede er von einer ganz alltäglichen Sache. »Er ist in seine Existenz getreten, wie man sagt.« Plötzlich lächelte er sie an, auf eine Weise, daß sie rot wurde und klebrige Hände bekam. »Du warst wohl immer schon ein schönes Mädchen, Lätitia Rehbeck. Aber seit gestern bist du etwas Wunderbares.«

»Glaube ich nicht«, sagte sie und kicherte nervös. Ihr wurde heiß bei dem Gedanken, daß dieser Mann, dieser erwachsene Mann, sie ein *schönes Mädchen* genannt hatte, aber es war keine wohlige Wärme, die sie durchströmte. Es war eine unbehagliche Glut, als bekäme sie Fieber.

»Du sollst mir nicht widersprechen.« Wieder wechselte er ganz abrupt den Tonfall. Seine Stimme klang immer noch seidenweich, aber zugleich so kalt, daß Letty sich unbehaglich fühlte.

»Verzeihung«, murmelte sie.

Er streckte die Hand aus und strich mit gespreizten Fingern durch ihr langes Haar. »Schon gut. - Nun, du wirst mit der Zeit alles lernen, was du wissen mußt, um ein Gott wohlgefälliges Leben zu führen ... Hast du noch irgendwelche Zweifel? Einwände? Machst du dir über etwas Gedanken? Hast du Fragen, die du gerne stellen möchtest? Dann stell sie jetzt, niemand hier kann dir besser Auskunft geben als ich.«

Letty schoß es durch den Kopf, daß das recht selbstherrlich klang. Hätte er nicht die Prophetin an die erste Stelle setzen müssen? Aber sie war seine Schwester, da imponierte sie ihm wohl nicht so wie allen anderen Leuten. Was sollte sie ihn fragen? Ihr Kopf schwirrte von Problemen, aber womit sollte sie anfangen? Was durfte sie ihn fragen, und was durfte er keinesfalls erfahren? Es gab eine Menge Dinge, die wirklich wichtig und interessant gewesen wären, aber als er sie so prüfend ansah, fiel ihr nur eine strohdumme Frage ein.

»Können die Leute hier wirklich übers Wasser wandeln oder Kranke heilen und -?«

Er schien die Frage keineswegs dumm zu finden. Bevor er antwortete, legte er die Fingerspitzen zusammen und blickte zum Himmel, als betete er im stillen. Dann sagte er: »Wenn du die Frage wortwörtlich meinst, muß ich Nein sagen. Ich jedenfalls habe es noch nicht erlebt, daß irgend jemand übers Wasser ging. Aber ich habe Wunder geschehen sehen, ja, das habe ich. Wirkliche Wunder. Und ich habe gesehen, wie vordem ganz alltägliche Menschen Fähigkeiten und Kräfte entwickeln, über die man nur staunen kann. Ich habe es an mir selbst erlebt - aber ich sollte mich wohl nicht als Beispiel bringen. Ich will nur soviel sagen: Als das göttliche Magnetlicht mich erfüllte, verging mein altes Leben wie Rauch. Ich begriff das Schriftwort: ›Siehe, es ist alles neu geworden.‹ Ja, Lätitia, ich war neu geworden - ein neuer Mensch, ein Lichtmensch, ein Gottesmensch, Erstgeborener einer herrlichen Rasse.«

Sie atmete schwer. Seine Stimme war klar und voll und erfüllte den Raum wie der dunkle, schmelzende Klang einer Oboe. Letty spürte, wie sich auf ihren Armen eine Gänsehaut bildete. »Sie meinen, Sie wurden wirklich - jemand anderer?« Sie hatte sich insgeheim immer gewünscht, aus ihrer Haut schlüpfen und mit einem Schlag jemand ganz anderer sein zu können.

Er nickte ernst. »Ja, Lätitia. Alexander Barsony starb, und ich wurde geboren. Diese Person, die ich in meinem irdischen Leben war, ist ganz und völlig vergangen. Ich bin ein neuer geworden - ein Gottmensch. Nicht ich lebe mehr, sondern Christus lebt in mir.«

Sie verstand nicht ganz, was er damit meinte, und es interessierte sie auch nicht besonders, aber sie wollte mehr von den wunderbaren Fähigkeiten hören. »Haben Sie schon einmal etwas ganz Besonderes gemacht?« fragte sie atemlos. »So wie - ja, so wie Jesus?«

»Ich habe größere Werke getan als er«, sagte Alexander Barsony. »So, wie er selbst es uns versprochen hat. Aber von diesen großen Wundern will ich nicht reden. Es gab kleinere auch ... einmal war ich beim Direktorium einer großen Firma eingeladen, um über das Werk Gottes zu sprechen. Drei von diesen vier Männern waren offen für das Wort der Prophetin, aber der vierte verstopfte seine Ohren und verstockte sein Herz. Und weißt du, was der Herr mir zeigte?«

»Nein -« stieß Letty aufgeregt hervor. »Was denn?«

Barsony stellte die Füße auf den Boden, beugte sich vor und stützte die Ellbogen auf die Knie. »Er zeigte mir«, sagte er finster, »wie er diesen Ungläubigen strafen würde. Es war schrecklich, Lätitita. Ich wandte den Blick ab. Ich flehte Gott um Erbarmen an. Aber der Herr sprach zu mir: ›Dieser hat sich in den Weg meines Werkes gestellt und wird vernichtet, wie alle meine Feinde vernichtet werden.‹ Und was geschah? Noch am selben Tag überfuhr ihn ein Auto. Man sagte mir später, er sei völlig zerquetscht gewesen. - Ja«, fügte er dann geradezu fröhlich hinzu, »solche Dinge habe ich öfter gesehen. Du mußt wissen, ich habe eine besondere Gabe dafür, die Feinde des Werkes zu erkennen. Einmal, stell dir nur vor, da sandte mir der Herr eine geheimnisvolle Vision. Ich sah, daß einige Brüder und Schwestern aus unserer Mitte einen schwarzen Fleck auf der Stirn trugen. Gottes Geist sagte mir, daß sie Böses getan hatten. Verstehst du? Ich sah das Böse wie einen großen kohlschwarzen Fleck auf ihrer Stirn!« Er lächelte Letty an. »Ich befragte sie ... und sie gestanden, an den Verleumdungen der Presse beteiligt gewesen zu sein! Sie hatten Material hinausgeschmuggelt und lügenhafte Auskünfte gegeben ... ja, Kind, so schützt Gott Sein Werk gegen alle, die es angreifen wollen!«

Er stand mit einem Ruck auf und winkte ihr, ihm zur französischen Tür des Raumes zu folgen. Die beiden Flügel öffneten sich auf einen schmalen Balkon hinaus. Als sie hinaustraten, überblickte Letty zum erstenmal einen Teil des Anwesens von oben. Erbsgrüne Rasenflächen, Hecken aus einst beschnittenem und jetzt verwildertem Buchsbaum, ein weit ausgedehnter Park, der in einen natürlichen Wald überging. Sie entdeckte zwei Turmspitzen, die ein wenig über die Baumkronen emporragten. »Was ist das?« fragte sie neugierig.

»Wachtürme«, sagte Barsony. »Wir müssen uns schützen ... die Dunkelmenschen versuchen immer wieder hier einzudringen. Sieh einmal, dort drüben.« Er zog sie am Arm zu sich und deutete mit der Hand zum entfernteren der beiden Türme. »Dort kletterten fünf oder sechs Reporter über die Mauer - sie kamen von irgendeinem widerlichen Käseblatt -, sie machten unanständige Fotos von ahnungslosen jungen Frauen, die sich auf der Wiese im Park sonnten - nun, wir jagten sie rasch wieder dorthin zurück, woher sie gekommen waren. Die kamen nicht noch einmal wieder.« Er lächelte befriedigt, dann wurde sein Gesicht ernst, fast traurig. »Siehst du die Straße dort hinten?

Dieses weiße Band? Dort beginnt das Reich des Satans«, sagte er. »Dort hat Gott nichts mehr zu melden. Wer weiß, Lätitia - wenn es dieses Reich der Gerechten hier nicht gäbe, so wäre Gott schon aus der Welt vertrieben worden.« Er seufzte tief. »Finstere Mächte machen sich breit und wollen alles vernichten ... unreine Geister bombardieren die Menschen ... ob du es glaubst oder nicht, es geschehen grauenhafte Dinge, unmittelbar vor unserer Haustür - dort drüben, wo das Licht Gottes verlöscht und die Finsternis beginnt.« Seine ausgestreckte Hand wies auf die Straße. »Betrachte mich als Verrückten, wenn du willst, Lätitia, aber ich möchte dir lieber nicht sagen, wem ich eines Abends dort an der Parkmauer begegnet bin ... es war gräßlich. Du wärst wohl gestorben vor Entsetzen, hättest du das erleben müssen, was ich erlebt habe.«

»Sie machen mir Angst«, sagte Letty leise. Sie mußte ein ums andere Mal schlucken.

Er streichelte sanft ihre Schulter. »Wir sollen auch Angst haben, Lätitia - der Teufel ist der Fürst dieser Welt, und Millionen Dunkelmenschen stehen in seinen Diensten. Und hüte dich! Nicht jeder, der wie ein Mensch aussieht, ist einer! Die Dämonen nehmen gerne die Gestalt von Menschen an, um die Leichtgläubigen und von Sünden Belasteten zu täuschen ... Wir wären längst vernichtet worden, wenn Gott nicht immer wieder eingriffe, um uns zu retten!« Auf einmal zog er Letty an sich und preßte ihre Schultern mit seinen starken Händen. Sie erschrak, so hart war sein Griff, und es trieb ihr das Blut in die Wangen, als er ihre Brust gegen seinen Oberkörper drückte. Sie hatte ständig das Gefühl, einen viel zu großen Busen für ihr Alter zu haben. Als er sie losließ, schnaufte und keuchte sie und kam sich grenzenlos lächerlich vor.

»Geh jetzt«, sagte Alexander Barsony, nachdem er sie von oben bis unten mit einem langen Blick betrachtet hatte - einem sehr intensiven Blick, der besonders ihrem Busen galt. »Wir sehen uns beim Abendessen.«

Ein gefährliches Treffen

Das Abendessen fand jedoch an diesem Tag ebensowenig statt wie die geplante Anbetung auf dem See. Am Abend war kaum jemand im Haus noch gesund. Es schien keine sehr ernste Erkrankung zu sein, denn die ersten Kranken erholten sich bereits wieder, aber die Anfälle von Brechdurchfall waren sehr unangenehm, und die meisten Patienten lagen erschöpft im Bett, wenn sie nicht gerade auf dem Klosett saßen. Letty - eine der wenigen, die noch beziehungsweise schon wieder gesund waren - fand den Speisesaal leer und dunkel vor. Sie sah sich eine Weile nach einem bekannten Gesicht um, und als sie nur fremde Menschen antraf, machte sie sich auf den Weg in die Küche. Sie hatte Hunger, und außerdem hoffte sie Janek dort anzutreffen.

Sie mußte ihm sagen, daß sie heute abend nicht kommen würde ..., daß sie überhaupt nie kommen würde. Das Ganze war eine völlig verrückte Idee. Er mußte es sich ausgedacht haben, wie man sich einen Roman ausdenkt. Vielleicht war ihm langweilig in seiner Küche, und er erfand Abenteuer, um sich die Zeit zu vertreiben.

Die Küche war beleuchtet, machte aber einen verlassenen und schmutzigen Eindruck. Im Licht der langen

Lampenreihen an der Decke sah Letty flüchtig ausgewischte Spülbecken, halbvolle Mülleimer, Teller mit Essensresten, die unbeachtet auf der Anrichte standen. Jeder hier hatte so schnell wie möglich seine Arbeit beendet und war verschwunden. Sie überlegte schon, ob Janek auch krank war, als er mit einem blauen Müllsack in der Hand in einer Tür am hinteren Ende der Küche auftauchte.

»Halloo!« sagte er, und ein erfreutes Lächeln verzog seinen breiten Mund. Dann sah er sich rasch nach allen Seiten um. »Weiß jemand, daß du hier bist?«

»Ich glaube nicht.«

»Gut. Paß auf ... hast du irgendein Schmuckstück?«

»Ja«, sagte Letty, völlig überrumpelt von der unerwarteten Frage, und wies auf ihr billiges goldeloxiertes Armband.

»Gib es her.« Als sie gehorchte, nahm er das Armband und warf es in den Müllsack, den er in der Hand hielt. »So ... und jetzt komm mit. Na, komm schon.« Er eilte ihr voraus in einen Nebenraum der Küche, in dem vier oder fünf große metallene Abfallcontainer nebeneinander standen. An der Wand stapelte sich ein Dutzen kleiner blauer Müllsäcke. Janek ergriff einen davon und leerte ihn auf dem Boden aus, den Sack mit dem Armband stellte er zu den anderen an die Wand.

»Was machen Sie?« fragte Letty verwirrt.

Er kauerte sich auf die Fersen nieder und begann den Küchenabfall mit einem Stöckchen auseinanderzuschieben. Ein süßlicher Maischegeruch drang durch den Raum. »Ich suche dein Armband ... und du stehst daneben und jammerst und hoffst, daß ich es finde.

Das werde ich jedenfalls sagen, falls uns jemand ertappt, und du wirst das gleiche sagen. Vor dem Mittagessen hast du es noch gehabt, dann war es weg, du mußt es hier in der Küche verloren haben. - Okay?«

Letty starrte ihn an. »Und warum? Das ist doch alles gelogen.«

Er blickte auf und musterte sie ernsthaft. »Du bist in Gefahr, Kind, begreif das - in sehr ernster Gefahr. Wenn du hier nicht schnellstens verschwindest, nehmen sie dich mit nach Südamerika, und dann kannst du zusehen, wie du wieder nach Hause kommst.«

»Ich will sowieso nicht nach Hause«, antwortete Letty, die jäher Trotz packte. »Mein Vater will mich in eine Anstalt stecken.«

»Was dein Vater mit dir vorhat, das weiß ich nicht«, sagte Janek, »aber was deine Mutter vorhat, das weiß ich. Sie hat es ja mindestens fünfmal der ganzen Gesellschaft hier erzählt. Sie will dich unbedingt bei sich haben, wenn sie ins Ausland geht, und sie weiß, daß dein Vater es niemals erlauben würde. - Übrigens kannst du ›du‹ zu mir sagen, aber tu's nicht, wenn Leute dabei sind.« Nach diesem Einschub fuhr er fort: »Du glaubst mir nicht ... okay, ich werde dir was von mir erzählen. Ich bin hierhergekommen, als PLUS LUCIS vorigen Monat hierhergezogen ist. Meine Schwester hat davon erfahren, daß sie hier Ferienaushilfen suchten - ›christliche Gruppe sucht Hauspersonal‹ hieß es ... weißt du, ich hab schon alles mögliche gemacht, ich war Pressefotograf, Reisebegleiter, Dolmetsch, was weiß ich noch alles, und im Moment war gerade nirgends etwas los, also dachte ich, ›christliche Gruppe‹ klingt gut, und kam her. Aber als ich beim

Tor drinnen war, merkte ich, daß ich nicht wieder rauskonnte ... genau wie die paar anderen Jungs und Mädchen, die mit mir zusammen angeheuert hatten. Telefonieren durften wir nur im Büro, von Barsonys Schreibtisch aus, und du kannst mir glauben, da hatte keiner Lust, lange zu quatschen. Und Freizeit gab's schon, aber nur hier auf dem Gelände. Sie ließen uns einfach nicht raus - hatten Angst, wir könnten irgend etwas ausplaudern. Den meisten war's egal, wo sollst du schon hin hier am Ende der Welt, aber einer knallte den Hut drauf und sagte, er ginge jetzt, ob es paßte oder nicht, und stürmte rein zu Barsony. Eine halbe Stunde später kam er wieder raus, käseweiß und sooo klein.« Er demonstrierte mit Daumen und Zeigefinger, wie klein. »Ich weiß nicht, was ihm der Kerl gesagt hat, er hat es uns auch nie erzählt, aber er war völlig fertig. Tja ... ich schaute mich ein bißchen um und sah mir alle die Anlagen an, die sie da zum Schutz gegen den Teufel errichtet haben, Stacheldraht, Wachtürme, uniformierte Wachen, und sagte mir, umgekehrt wird auch ein Schuh draus, vielleicht soll hier nicht nur keiner rein, sondern auch keiner raus. Und dann kriegte ich auch bald mit, was lief. Offiziell darf ja keiner drüber reden, aber die Leute haben andauernd davon geschwatzt. Und was da lief, hieß Südamerika.«

Letty kauerte sich bei dem Müllhäufchen nieder, wider Willen fasziniert von seiner Erzählung. »Aber was wollen sie in Südamerika? Hier haben sie es herrlich.«

»Sie wollen eine menschenleere Gegend«, erwiderte Janek. »Wo ihnen keine Dunkelmenschen und keine Geister und Teufel über den Weg rennen. Und außerdem wird ihnen hier langsam der Boden zu heiß, weil sie mit ihren wirkungslosen Wundermittelchen ein Vermögen scheffeln und ihr Geld in Sicherheit bringen wollen, bevor ihnen die Steuerfahndung und die Kripo auf die Schliche kommen. Frag mich nicht nach Details, aber sie haben dort unten - irgendwo in Chile, glaube ich -, ein Riesenareal Land gekauft, das sie gemeinsam bebauen wollen, und das soll das ›Reich der Gerechten‹ werden. Das Paradies auf Erden. Aber um wüstes Land zu kultivieren, braucht man junge und starke Menschen, und da wärst du ihnen auch sehr gelegen gekommen. Deine Mutter und dein Bruder wollen dich natürlich bei sich haben, weil sie dich lieben - oder sich einbilden, dich zu lieben, obwohl sie keine Skrupel haben, dich sehr mies zu behandeln ...«

»Sie haben mich nicht mies behandelt«, nahm Letty ihre Familie in Schutz.

Janek zuckte die Achseln. »Na, wenn du gerne unter Drogen gesetzt und hinterrücks entführt wirst, ist das natürlich etwas anderes.«

»Drogen? Entführt? Du spinnst ja -« Sie brach erschrocken ab, nicht nur, weil ihr bewußt wurde, wie unhöflich ihre Bemerkung war, sondern auch, weil ihr siedendheiß die starke Kopfwehtablette und Christians merkwürdiges Betragen einfielen. Aber das durfte nicht wahr sein!

»Die Wahrheit kümmert sich nicht drum, ob sie darf oder nicht, Letty«, sagte Janek, als sie diesen Gedanken laut aussprach. »Und deine Familie - die haben jetzt eine andere Moral, als sie früher wahrscheinlich hatten. Jetzt heißt es: Gut ist, was PLUS LUCIS nützt, schlecht ist, was PLUS LUCIS schadet. Das wird ihnen hier ja auch jeden Tag eingehämmert, angeblich als Durchsage aus dem siebenten Himmel.«

»Du glaubst überhaupt nicht daran?« fragte Letty vorsichtig.

»Nun, Letty, fürs Kasperltheater bin ich zu alt«, bemerkte er lachend.

Sie seufzte, von einer plötzlichen Traurigkeit überkommen. »Das sagt mein Vater auch immer: ›Für den Osterhasen und das Christkind bist du nun langsam zu alt, Lätitia.‹ Er ist auch so ungläubig.«

Janek unterbrach seine vorgetäuschte Suche im Müll und rieb sich mit beiden Händen den Nacken. »Das habe ich nun aber ganz und gar nicht gesagt, Letty - daß ich ungläubig bin. Ich meinte bloß, ich kann zwischen Gold und Blech ganz gut unterscheiden. Was sich hier abspielt, ist Blech, inszeniert von zwei gerissenen Gaunern und einer alten Frau, die nie ganz richtig im Kopf war und seit ihrem Unfall völlig verrückt ist. Das heißt aber nicht, daß es kein Gold gäbe.«

»Was ist dann Gold?« fragte sie neugierig.

Er machte eine großartige Geste mit beiden Händen, die in den roten Gummihandschuhen steckten. »Tja ... da soll ich dir nun alle Fragen des Universums in einem Satz beantworten, nicht wahr? Ich glaube nicht, daß ich das kann. Aber sagen wir so: Gott ist das Gold, und wo du an Ihn antippst, wirst du selber golden.«

»Gott kann man nicht antippen«, sagte sie, halb belustigt, halb ärgerlich. »Gott ist doch unsichtbar und außerdem - tja - da oben.« Sie gestikulierte zu den kleinen Fenstern des Raumes hin, durch die der Sommerabendhimmel hereinblickte.

»Da liegst du aber falsch«, widersprach Janek. »Keine Rede von ›da oben‹. Gott ist da und da und da.« Er deutete rasch hintereinander in verschiedene Richtungen. »Er ist ganz um dich herum und in dir drinnen, in deinen Gedanken, in deiner Seele. Hast du ihn noch nie gehört?«

»Nein.«

»Dann hast du nicht aufgepaßt«, sagte er ernst. »Wenn du wirklich horchst, hörst du ihn. Und dann kannst du ihm Antwort geben, und er hört dich und spricht wieder zu dir, und so geht das Gespräch zwischen euch hin und her, ganz locker. Es braucht nur Übung, und ein bißchen *hier*.« Er klopfte sich mit der geschlossenen Faust aufs Herz.

»Ich weiß nicht ... das wäre mir unheimlich, wenn da plötzlich jemand mit mir redet ... jemand Unsichtbarer. Das klingt wie eine Geistergeschichte. Gruselig wär' das für mich. Für dich nicht?«

»Ein bißchen schon, aber nicht sehr«, gab er zurück. »Ich meine, wenn ich gar keine Ahnung hätte, wie Gott ist, dann würde ich mich wahrscheinlich zu Tode fürchten - wenn ich mir vorstellen müßte, daß er vielleicht so ist wie - wie - ach was, wie Kaiser Ming bei ›Perry Rhodan‹.« Er lachte leise auf, kniff die Augen zusammen und zog die Nase kraus. Dann fuhr er sich mit dem Fingerknöchel über die Nasenspitze und wurde wieder ernst. »Aber siehst du ..., ich kenne die Bibel und weiß, daß Gott genau wie Jesus ist. Oder sagen wir besser, niemand anderer als Jesus ist. Und von Jesus weiß ich, daß er gerne von ganz kleinen Dingen spricht, von verlorenen Pfennigen und verkauften Sperlingen, von Lilien und Kornähren und

Brotteig ..., das beruhigt mich sehr. Es sind freundliche kleine Dinge. Und wenn ich sehe, daß jemand sich für kleine Dinge interessiert, dann sage ich, dieser Jemand ist gut ... also ist er wohl auch zu mir gut. Und dann wär' ich ja dumm, wenn ich ihn nicht zum Freund haben wollte.« Er lachte plötzlich auf, daß Letty die Zahnlücke hinten in seinem Oberkiefer sah. »Das ist meine Theologie, aber sag sie niemandem weiter, sie ist nicht sehr wissenschaftlich.«

»Ich mag deine Theologie«, sagte Letty. Beide Gedanken waren ihr ganz neu, daß Gott ganz nahe sein mochte und daß ihn ganz bescheidene Dinge interessierten. Sie blickte sich um und lachte nervös. »Das ist ein ganz komisches Gefühl ..., meinst du wirklich, Gott ist da und hört uns zu?«

»Freilich meine ich das«, bestätigte er. »Und ich mag das Gefühl, so ... so eingehüllt zu sein. Na ja, nicht immer, manchmal stört es mich auch, zum Beispiel, wenn ich gerade nichts Gutes vorhabe, aber meistens bin ich glücklich damit.«

»Was meinst du - wenn du gerade nichts Gutes vorhast?« fragte sie verwirrt.

Janek schnitt ein Gesicht und zog die Schultern hoch. »Na ja - beispielsweise streite ich mit meiner Schwester. Zu Unrecht, sie ist nämlich eine sehr gute Schwester. Ich *will* einfach mit ihr streiten, nur so, damit ich meinen eigenen Ärger und Frust loswerde. Und dann stört es mich, wenn Gott dabei ist, weil ich genau weiß, daß er es nicht gerne sieht. Er mag meine Schwester, und es ist ihm nicht recht, wenn ich gemein zu ihr bin.«

»Und du hörst, was er sagt?« Sie wurde nicht ganz

klug aus ihm. Es wunderte sie nicht weiter, daß er
Dinge hörte, die vielleicht gar nicht da waren. Mit ihrer Mutter hatte sie dergleichen alle Tage erlebt. Es
war die Art, wie er redete. Sie bildete sich ein, daß eine Menge Gedanken in ihrem Kopf auftauchten,
während er sprach, und obwohl die Gedanken nicht
klar umrissen waren, fühlte sie sich viel mutiger und
hoffnungsvoller als zuvor.

Janek nickte entschieden. »Ja. Es ist wie wenn du an
einer Muschel horchst. Zuerst hörst du natürlich gar
nichts, weil deine Ohren voll von allem möglichen anderen Lärm sind, aber es klappt mit der Zeit immer
besser.«

»Und was sagt Gott?« Sie lachte vor Verlegenheit,
als sie die Frage stellte.

»Das, was für dich gerade am notwendigsten ist.
Das ist schwer zu erklären. Manchmal ist es ganz klar,
manchmal kommst du erst Jahre später drauf, was gemeint war. - Im Moment«, kehrte er zu ihrem An-
fangsthema zurück, »sagt er mir, ich soll dich hier
wegbringen, und dasselbe sagt mir mein klarer Verstand. Und was sagt dein Kopf?«

Letty umschlang vor Nervosität und Verlegenheit
ihre Oberarme mit beiden Händen. »Ich weiß nicht ...
vielleicht hast du recht ... aber Mutti ist hier - und
Christian ... ich kann doch nicht mit jemand ganz
Fremdem weggehen.« Sie warf einen Blick auf sein
ernstes, besorgtes Gesicht und stammelte: »Ich muß
drüber nachdenken - das kommt so plötzlich -«

»Du bist ein Vogel auf dem Ast, Mädchen, und die
Katze ist schon zum Sprung geduckt, vergiß das
nicht«, mahnte er. »Und man kann nicht nach Belie-

ben hier raus. Ich hab dir gesagt, ich kenne die Löcher im Zaun, aber die Wächter sind immer unterwegs, und ich weiß nicht, ob sie diese Löcher nicht schon entdeckt haben.«

»Wenn du weißt, wie man rauskommt, warum bist du dann noch da?« fragte sie.

Er zuckte die Achseln. »Ich hab ja nicht gleich begriffen, was hier gespielt wird. Und nachdem ich es begriffen hatte, dauerte es eine Weile, bis ich den Fluchtweg ausfindig gemacht hatte. Und ich muß warten, bis keine Wachen mehr im Haus sind, und das ist praktisch nur der Fall, wenn sie alle bei der Anbetung auf dem See sind. Aber diese Anbetung findet nur einmal in der Woche statt. Ich wär' schon weg, aber letzte Woche war der Tag, an dem die Feier stattfinden sollte, verregnet, und sie blieben alle im Haus und feierten im Festsaal. Verstehst du jetzt, warum es so dringend ist, daß du dich rasch entscheidest? Aber ich kann dich nicht zwingen, du mußt selbst wissen, was du tust.« Er stand auf und fegte das Müllhäufchen mit dem Schuh beiseite. »Nur eines, Letty, und das nimm bitte sehr ernst: Wenn du mit irgend jemand darüber redest, sind wir beide geliefert. Verstanden?«

»Ja, das verstehe ich.« Sie nickte eifrig.

»Du willst wirklich nicht mitkommen?«

»Ich ... ich kann nicht«, sagte sie und brach in Tränen aus. Und bevor er irgendwie reagieren konnte, wandte sie sich um und rannte aus der Küche, aus dem Haus, hinaus in den abenddunklen Park.

Die meisten Fenster des Hauses waren erleuchtet. Das Licht zeichnete große helle Vierecke auf den Rasen. Letty schritt den Plattenweg entlang, zum See hinunter. Sie dachte daran, wie Christian sie im Boot herumgerudert hatte. Was für ein wunderbarer Morgen war das gewesen! Christian war so lieb, so freundlich gewesen ... er hatte sie noch geneckt mit ihrer Angst vor Medikamenten, und nun behauptete Janek, er hätte sie absichtlich betäubt und entführt! Sie konnte das nicht fassen. Christian war ihr Bruder. Sie liebten einander. Er würde sie niemals anlügen. Er -

Sie seufzte tief auf, als ihr einfiel, daß Christian gar nicht so selten log. Sie erinnerte sich zum Beispiel daran, wie er Vati gesagt hatte, er brauche ziemlich viel Geld für ein Seminar im Ausland, aber dann war er nicht auf das Seminar im Ausland gefahren, sondern auf Missionsreise mit PLUS LUCIS. Nachher hatte Vati davon erfahren und ihm kein Geld mehr gegeben, und sie hatten sich zerstritten.

Christian hatte gesagt, für einen guten Zweck dürfe man lügen. Und gewissermaßen hatte Janek jetzt dasselbe getan, er hatte gesagt, er würde Lügen erzählen, wenn jemand ihn fragte. Aber er hatte gesagt, sie seien beide in Gefahr, wenn man sie erwischte.

Auf einmal fiel ihr Alexander Barsony ein, wie er ihr von den Verrätern in der Gemeinschaft und dem schwarzen Fleck erzählt hatte. Er hatte schrecklich ausgesehen, als er das sagte - sein Gesicht hatte sich richtiggehend verzerrt. Es mußte ihm großen Spaß gemacht haben, alle diese zu Tode erschrockenen Männer und Frauen anzuklagen. Er hatte ihr nicht gesagt, was danach mit ihnen passiert war.

Aber er war auch nett gewesen, er hatte telefoniert, damit man sich um Terry kümmerte ... wie paßte das zusammen?

Tief in Gedanken schritt sie den schmalen, nur vom Mondschein beleuchteten Pfad am Seeufer entlang, bis sie das Brückchen erreichte, das dort an der schmalsten Stelle des Sees zur Insel hinüberführte. Langsam, mit einer Hand das hölzerne Geländer entlanggleitend, stieg sie die baufälligen Stufen zum Scheitelpunkt hinauf. Dort oben strahlte ein Licht wie von Lampen durch die Bäume.

Als sie aus den Büschen hinaustrat, sah sie, daß es die große gläserne Christusstatue war, die leuchtete. Das Licht hatte einen eigentümlichen, fast gespenstischen Farbton, ein kränkliches Violett. Die Büsche und Bäume, die es beschien, und die Blumen in den großen Bronzevasen sahen verwelkt aus. Letty blieb stehen und knickste zögernd, wie sie es manchmal tat, wenn sie eine Kirche betrat. Sie mußte an das kitschige Ölgemälde im Schlafzimmer ihrer Mutter denken.

Sie ging näher hin. Als sie an sich hinuntersah, entdeckte sie, daß ihre Haut in diesem Licht einen abstoßenden Farbton angenommen hatte. Sie blickte zu der Statue auf, wandte den Blick aber gleich wieder ab. Das rosa-violette, von innen heraus glühende Gesicht machte ihr Angst, sie wollte nicht länger hinsehen. Ihr Blick wanderte zu dem runden Bildnis der Prophetin, aber das wollte sie noch viel weniger ansehen. So starrte sie schließlich zu Boden.

Was Janek gesagt hatte, ging ihr immer wieder durch den Kopf. Sollte sie mit ihm gehen? Aber sie kannte ihn kaum, vielleicht war er ein Mann, der junge Mädchen mit erfundenen Geschichten verlockte? Und selbst wenn er die reine Wahrheit gesagt hatte, würde das doch nur bedeuten, daß er sie zu Vati und Traude zurückbrachte ... und das wollte sie nicht. Aber wenn Mutti und Christian nun wirklich nach Südamerika gingen? Wenn Christian ihr wieder eine Tablette gab, und sie wachte das nächstemal in einer Baracke in der Wüste auf? *Hinter Stacheldraht in Chile*, hatte Janek gesagt. Wenn sie nun immer dort bleiben mußte? Christian hatte gesagt, er würde sie nach dem Lichterfest heimbringen, aber er hatte es nicht getan. Wenn sie doch mit Janek fortlief? Aber Mutti würde vor Zorn außer sich sein, wenn sie davonrannte, sie würde vielleicht nie wieder mit ihr sprechen ... und es war gefährlich. Da waren die Wachtürme ... zum Schutz gegen Eindringlinge, hatte Alexander Barsony gesagt. Aber Janek hatte gesagt: Wo keiner rein kann, kann auch keiner raus ...

Ihre Gedanken drehten sich im Kreis, bis sie dachte, sie würde gleich schwindlig. Außerdem war da noch etwas. *Gott ist da ... und da ... und da ... um dich herum und in dir drinnen*, hatte Janek gesagt. Vielleicht war es bei ihm so ähnlich wie bei Mutti, die Elfen und Gespenster sah.

Da und da und da ...

Sie streckte eine Hand aus und zog sie rasch wieder zurück. Sie kam sich ziemlich läppisch vor. Da stand sie spätabends im Buschwerk und angelte in der leeren Luft nach Gott! Aber gleichzeitig bekam sie Angst, irgend etwas könnte ihre Fingerspitzen berühren. Mutti behauptete, Geisterhände könnten einen berühren. Vati hatte gesagt, dann würde er gerne einmal in einen Geisterpopo zwicken.

Du kannst ihn hören, es ist genauso, wie wenn du an einer Muschel horchst.

Sie horchte, hörte aber nur den Nachtwind in den Blättern rascheln und den See in der Grotte gluckern. Also legte sie beide Hände über die Ohren und horchte. Es rauschte, das war alles. Vielleicht mußte man doch in die Kirche gehen, um mit Gott zu reden. Und warum sollte sie überhaupt mit ihm reden?

Die Antwort fiel ihr augenblicklich ein, mit einer Klarheit, die sie verblüffte. Alle ihre Gedanken verschwanden und machten einem einzigen Platz. Es war, als hätte eine große Hand plötzlich alle Plakate von einer Plakatwand gerissen und ein einziges dafür hingehängt, auf dem in großen Buchstaben stand:

DU BIST IN GEFAHR, UND DU MUSST DAS RICHTIGE TUN.

»Aber was ist das Richtige?« flüsterte sie. Das konnte ihr ja eben niemand sagen. Es gab hier niemand, dem sie wirklich vertrauen konnte. Janek kannte sie kaum, und ihre Familie hatte sie betrogen.

Dann hört er dich und gibt dir Antwort, und so geht das weiter, ganz locker. Er sagt dir, was für dich gerade am notwendigsten ist.

Ein Windstoß fuhr durch die Bäume des Parks. Die Lichtleitungen schwangen, daß der Draht an die Baumstämme klatschte und das Licht im Inneren der Christusfigur flackerte. Lettys Augen brannten, und sie spürte, wie Tränen über den Lidrand sickerten.

»Na, dann sag mir doch, was ich jetzt machen soll!« rief sie und brach in Tränen aus. Niemand antwortete, nur der Wind pfiff von neuem durch die Baumkronen, und das Licht erlosch völlig. Die große Figur schien plötzlich ganz schwarz zu sein. Letty fühlte, wie es ihr eiskalt über den Rücken rann. Ohne sich noch einmal umzudrehen, rannte sie die Stufen hinunter und über das Brückchen. Und dann blieb sie plötzlich stehen.

Auf der anderen Seite der Brücke wartete ein Mann in weißer Uniform, mit einem Bullterrier neben sich.

»Und was machen wir hier so spätabends, Fräuleinchen?« fragte der Wächter. Der Pitbull verzerrte seine garstige Schnauze und ließ die Zähne sehen.

»Ich ... bin spazierengegangen«, stotterte Letty. Der Hund machte ihr Angst. »Ich wollte an die frische Luft - hinaus -«

»Na, dann husch wieder hinein, wir haben es nicht gern, wenn die Leute nachts im Park rumstrolchen«, fuhr er sie an. »Du gehörst längst ins Bett, also mach vorwärts.« Damit packte er sie am Arm und zog und zerrte sie grob neben sich her, bis sie den Hauseingang erreicht hatten. Dort ließ er sie los. »Und jetzt marsch.«

Der Pitbull knurrte drohend. Letty flitzte ins Haus, die Angst im Nacken, er könnte ihr nachjagen und sie beißen. Sie eilte die Treppen hinauf, duschte hastig und verkroch sich im Bett. Die meisten anderen Frauen, auch ihre Mutter, schliefen schon. Auf fast jedem Nachttischchen standen weiße Pillenpackungen und Milchglasfläschchen mit dem goldenen Dreieck darauf.

Letty trifft eine Entscheidung

Der nächste Morgen war so strahlend hell und sommerlich wie die vorhergehenden, aber die meisten Bewohner des alten Schloßhotels nahmen weder den goldenen Sonnenschein noch den sanften, erfrischenden Windhauch zur Kenntnis. Viele waren akut krank, und die das Schlimmste überstanden hatten, fühlten sich noch jämmerlich schwach und erschöpft und zogen es vor, den Tag im Bett zu verbringen. Die Anbetung war um einen Tag verschoben worden, und die Mitglieder wollten den Tag nutzen, sich so weit zu erholen, daß sie abends an der Zeremonie teilnehmen konnten. Letty fand einen halbleeren Speisesaal vor, als sie zum Frühstück hinunterging, aber wenigstens war Christian da.

Er kam mit seinem Frühstückstablett in der Hand zu ihr herüber und setzte sich an ihren Tisch. Er sah schlecht aus, unter seinen Augen zeichneten sich bleigraue Schatten ab, und seine Nase und sein Kinn wirkten spitz wie bei einem alten Mann. Als Letty ihn besorgt fragte, ob er krank sei, zuckte er die Achseln. »Ich hab's schon wieder hinter mir, glaube ich ... in der Nacht war mir hundeelend, aber jetzt geht's schon wieder. Terrys Zustand macht mir Sorgen ... sie behauptet, es gehe ihr viel besser, aber ich weiß nicht -

sie sieht schlimm aus.« Plötzlich füllten sich seine Augen mit Tränen. »Ich könnte es nicht ertragen, wenn sie ... wenn sie ...«

»Aber sie wird doch nicht sterben«, fiel Letty erschrocken ein.

»Hoffentlich nicht«, sagte er bitter. »Gestern schickte Barsony dann einen Mann zu ihr, der sich Arzt nannte ... ich hoffe, er ist auch wirklich einer, ich durfte nicht dabeisein, als er sie behandelte .... Terry schwört, es geht ihr besser, aber ....« Er stützte den Kopf auf beide Hände und grub die Finger in sein Haar. »Letty ..., wenn ich sie verliere, will ich auch nicht mehr leben. Sie ist die wunderbarste Frau, die ich mir vorstellen kann, auch wenn sie immer schon krank war.«

»Ja, sie ist lieb«, sagte Letty rasch und bemühte sich, nur an das Wiesenblumensträußchen zu denken, das Terry für sie gepflückt hatte, und nicht an die klammen Hände der kranken Frau. »Du wirst ganz bestimmt sehr, sehr glücklich mit ihr.«

Christian blickte auf und lächelte schmerzlich. »Du bist ein Schatz, Tüpfel ..., ich weiß doch, wie eifersüchtig du bist.« Er schob seine Tasse Milch mit Honig beiseite. »Ich halte es hier nicht au, ich muß rauf und sehen, wie es ihr geht. Bis bald - schau auf dich.«

Letty blickte ihm nach, aber ihre Aufmerksamkeit wurde abgelenkt, als sie dem Gespräch eines alten Paares zuhörte, das zwei Tische hinter ihr saß. Wie viele alte Leute waren die beiden recht schwerhörig und merkten nicht, daß sie lauter sprachen, als sie eigentlich sollten. Letty hatte nicht die Absicht gehabt, sie zu belauschen, aber dann fiel plötzlich der Name Anna Barsony, und sie horchte unwillkürlich auf.

»Das Mädchen ist mir nicht geheuer«, sagte die alte Frau. »Es heißt, sie prophezeie besser als die Mutter Mariella, aber ich weiß nicht ..., sie gefällt mir nicht. Manchmal redet sie so unehrerbietig daher, daß man denken müßte, sie sei gar nicht vom Licht berührt worden!«

»Tja - vielleicht verstehen wir zu wenig davon«, wandte der Mann ein. »Ihr Vater ist doch der Bruder der Prophetin.«

»Ja, aber niemand weiß, wer ihre Mutter ist«, bemerkte die Frau gehässig. »Sie sieht ihm doch auch gar nicht ähnlich, so schwarz, wie sie ist. Mir gefällt sie nicht.«

»Schon recht, aber sei still jetzt«, fiel ihr Mann ein. Sein Blick wanderte besorgt durch den fast leeren Speisesaal. »Man weiß nie, wer einem zuhört ..., ich will keinen Ärger haben, nicht jetzt, so knapp vor der Abreise. Sehen wir lieber zu, daß wir unsere Sachen zusammenkriegen. Nicht, daß du mir im letzten Augenblick herumschusselst und die Hälfte nicht findest! Hast du daran gedacht, das Fotoalbum mitzunehmen?«

Letty beugte sich tief über ihren Teller und tat, als könnte sie an nichts anderes denken als an ihr Müsli. Dabei lauschte sie angestrengt, damit ihr keines ihrer Worte entging.

»Ja«, sagte die Frau. »Ach, Hans ..., daß wir das noch erleben dürfen! Hab ich's dir nicht gesagt? Gott hat es uns gelohnt, daß wir immer fromm waren. Wir werden unsere letzten Lebensjahre im Paradies verbringen.«

Aus dem Augenwinkel beobachtete Letty, wie der

alte Mann die Hand seiner Frau streichelte. Die beiden lächelten einander an.

Nach dem Frühstück sah sie nach ihrer Mutter, die im Bett lag und sie ziemlich mürrisch abwies. »Laß mich in Ruhe, Lätitia, ja? Ich fühle mich scheußlich. Kleb da nicht an mir wie angeleimt.«

Eva war nirgends zu sehen, also schlenderte Letty erst eine Weile im Haus herum und ging dann in den Park hinaus, um wenigstens das schöne Wetter zu genießen. Dann und wann begegnete sie weißgekleideten Leuten, die offenbar auf denselben Gedanken gekommen waren. Manche hatten sich Decken mitgebracht und saßen auf den samtgrünen Wiesen, andere spazierten langsam zwischen den bunten Blumenrabatten oder am See entlang dahin. Letty wählte ihren Weg absichtlich so, daß sie am Hinterausgang der Küche vorbeimußte. Sie wußte nicht recht, ob sie Janek wiedersehen wollte oder nicht. Er würde sie wieder drängen, aus dem Schloßhotel zu fliehen ..., und seit dem Gespräch am Frühstückstisch wußte sie mit Sicherheit, daß er nicht gelogen hatte. Die Mitglieder von PLUS LUCIS würden in den nächsten Tagen tatsächlich das Hotel verlassen und fortziehen ... weit fort.

Sie zögerte jetzt nicht mehr, weil sie ihm mißtraute. Sie zögerte, weil sie einfach Angst hatte.

Wenn sie mit ihm ging, mußte sie etwas tun, was sie noch nie in ihrem Leben versucht hatte. Sie mußte etwas tun, für was sie sich ganz allein entschieden hatte, und wenn es schiefging, würde nur sie allein daran schuld sein, niemand anders - nicht einmal Janek. Wenn sie mit ihm ging, ging sie freiwillig, und dann war alles, was passierte, allein ihr Problem.

Sie wünschte, er würde sich nicht blicken lassen, aber dann trödelte sie so lange am hinteren Kücheneingang herum, bis sie ihn doch zu Gesicht bekam. Bei der Vormittagshitze trug er nicht seinen grauen Arbeitskittel, sondern ein ausgeleiertes schwarzes Boxerleibchen, das weit über seine Jeans herabhing. Seine nackten Schultern und Arme waren sehr hellhäutig und mit kleinen dunklen Leberfleckchen gesprenkelt. Um den linken Arm hatte er eine rote Schleife gebunden.

Letty deutete darauf. »Wozu ist das da?«

Er warf einen argwöhnischen Blick in alle Richtungen, ob irgend jemand sie zusammen beobachtete. Dann sah er stirnrunzelnd die Stoffschleife an. »Das? Ach - sie kaprizieren sich darauf, daß alle Dunkelmenschen so was am Arm tragen müssen.«

Letty spürte, wie ihr das Blut heiß in die Wangen schoß. »Und das machst du?« rief sie empört. »Das ist ungerecht - du bist doch kein böser Mensch -«

Er zuckte die Achseln. »Erstens weiß ich nicht, wie gut oder böse ich bin, und zweitens ist es mir egal, ob sie mir irgendwelche Schleifen anbinden. Wenn sie sich's einbilden - na schön, ich will mich nicht streiten. Hör zu, Letty, verschwinde von hier, bevor uns jemand sieht -, geh rüber auf die Insel und warte oben bei der Statue auf mich, ich komme gleich, die verwelkten Blumen dort abholen. Schnell jetzt.«

Sie gehorchte sofort. Ihr Herz klopfte immer noch wild vor Empörung. Erst waren ihr die roten Schleifen nicht weiter aufgefallen, die alle Mitglieder des Putztrupps trugen, weil sie sich an den Arbeitsmänteln befanden, aber an seinem nackten Arm hatte der rote Stoffstreifen schlimm ausgesehen. Es erinnerte sie an den Tag, an dem eine ihrer Mitschülerinnen ihr mit Kreide »Muh, muh, Rehbecks Kuh« hinten auf den schwarzen Lodenmantel geschrieben hatte. Sie war fast umgekommen vor Zorn, aber je mehr sie sich geärgert hatte, desto lauter hatten die anderen gelacht. Janek schien es ganz egal zu sein. Vielleicht wäre es ihm sogar egal gewesen, wenn irgend jemand ihm »Muh, muh« draufgeschrieben hätte.

Sie ging den Weg am Seeufer entlang und tat, als wüßte sie nicht recht, wo sie hinsollte, bis sie nach einigem Hin und Her den Weg über das Brückchen einschlug und zur Spitze der Insel emporstieg. Dort setzte sie sich ins Gras und tat, als sei sie ganz in den Anblick der Statue versunken.

Es dauerte keine Viertelstunde, bis Janek die bemoosten Stufen heraufkam, einen großen Plastikkübel am Arm. »Na?« fragte er, während er sich damit beschäftigte, die welken Stengel aus den großen Bronzevasen zu ziehen. »Wie sieht's aus? Hast du dir's überlegt? Riskieren wir's heute abend?«

Sie zuckte hilflos die Schultern. »Ich weiß nicht. Ehrlich, ich weiß nicht.«

»Du weißt es sehr gut«, sagte er grob. »Du hast bloß Schiß.«

Letty errötete. »Ja, so ungefähr«, gab sie dann zu.

Er stopfte die welken Blumen in seinen Plastikkübel. »Was meinst du wohl, was ich habe? Ich verrat's dir: auch Schiß. Das sind keine freundlichen Leute hier, und wenn wir ohne Genehmigung abhauen und sie erwischen uns, dann wird's unlustig. Aber wenn wir hierbleiben, dann wird's für uns alle erst recht unlustig.«

»Wieso? Du fliegst doch nicht mit nach Südamerika«, wandte Letty ein.

»Bist du sicher?« fragte er.

Sie starrte ihn mit großen Augen an. »Aber ...«

»Ich weiß natürlich nicht mit Sicherheit, was sie vorhaben«, sagte Janek. »Aber es gibt da ein paar Dinge, die mir gar nicht gefallen. Ich muß an den Typ denken, der zu Barsony ging und kündigen wollte. Nun, der ist jetzt immer noch da. Den haben sie nicht einfach gehen lassen. Und da überlege ich mir, wer ihnen eigentlich in Südamerika die Toiletten putzen und die Abfälle raustragen wird. Verstanden?«

Letty mußte zweimal schlucken, bevor sie eine Antwort hervorbrachte. »Das können sie doch nicht tun ... euch einfach verschleppen!«

»Hast du eine Ahnung, was die tun können!« sagte Janek. Zum erstenmal klang seine Stimme scharf und zornig. »Warum auch nicht? Sie sehen nichts außer sich selbst. Die Welt interessiert sie nicht, die kann ihretwegen verhungern, verrecken, verschimmeln und verfaulen, das kümmert sie nicht, solange sie nur irgendwo ihre heilige Insel haben, ihr Reich der Gerechten, in dem alles heilig und rein und in Weihwasser gebadet ist. Wer nicht zu ihrem Verein gehört, ist für sie ein Dunkelmensch, den sie behandeln wie den letzten Dreck. Ich habe die Mutter Mariella sagen gehört, die Dunkelmenschen seien das Brennmaterial der Hölle. Na schön, warum sollen sie dann nicht jetzt schon mit uns heizen? Die Hölle wäre ja nicht der erste Ofen, der mit Dunkelmenschen gefüllt wird. Glaubst du, diese Heiligen denken auch nur eine Sekunde lang drüber nach, was es für mich oder sonst jemand bedeuten würde, als Zwangsarbeiter in die Wüste verschleppt zu werden? Wir sind nichts für sie. Niemand ist etwas für sie.«

Er brach ab und holte tief Atem. Letty sah erschrocken, wie er beide Hände zu Fäusten ballte. »Nichts! Nicht einmal Er da!« Er bückte sich, riß einen großen verblühten Blütenkopf von dem Gestrüpp im Plastikeimer ab und warf ihn nach der Statue. »Da rinnen ihnen die Bibelsprüche nur so aus dem Maul, als wären sie die größten Heiligen, aber da, schau an, was sie aus ihm gemacht haben! Ein eisiges Ding, das dumm in die Landschaft glotzt und nachts glimmert wie ein beleuchteter Gartenzwerg!«

Letty war so erschrocken über seine plötzliche Wut, daß sie angstvoll zwischen ihm und der Statue hin- und herblickte. Als Janek bemerkte, daß sie sich ängstigte, atmete er tief durch, ließ den Kopf in den Nacken sinken und streckte sich, um die Anspannung aus dem Körper zu bringen. Dann blickte er Letty ins Gesicht und lächelte sein kurioses, augenzwinkerndes Lächeln. »Tut mir leid ..., ich laß meine Wut viel zu oft an den falschen Leuten aus. Schon gut.« Er griff nach ihrer Hand und drückte sie. »Es regt mich auf, weißt du ..., aber du kannst ja nichts dafür. Ich möchte nur, daß du begreifst, wie dringend es ist. Du *mußt* hier raus.« Und dann griff er mit einem Mal zu, zog sie fast gewaltsam an sich, schlang die Arme um ihre Schultern und fuhr mit der Hand durch ihr Haar. Seine Stimme flüsterte drängend an ihrem Ohr. »Kind ... Mädchen ..., bring dich doch nicht selber ins Elend! Hau ab hier, du kriegst keine zweite Chance!«

Letty schnappte nach Luft. Sie hatte nicht erwartet, angepackt zu werden, und war erschrocken - aber der Schrecken löste sich augenblicklich in nichts auf. Sie klammerte sich an ihn, verschränkte die Hände hinter seinem Rücken und preßte ihn an sich. Es war, als sei diese körperliche Berührung das Letzte gewesen, was sie gebraucht hatte, um sich ganz auf seine Seite zu schlagen. Sie spürte seine Haut, seinen sonnenwarmen, hageren Körper, den Geruch nach verschwitzter Haut, verwelkten Blumen und Gummihandschuhen. Sie flüsterte: »Ich komme mit.«

Er faßte sie an beiden Ohrläppchen und schüttelte sie einen Augenblick lang. »Letty, ich danke Gott dafür. Vergiß nicht: elf Uhr. Hinten beim Doktorzimmer. Und schau mich den Rest des Tages möglichst nicht an.«

Sie ließ ihn nur widerwillig los, aber er schob ihre Hände fort, befreite sich aus ihrer Umarmung und eilte mit seinem Plastikeimer die Stufen hinunter, bevor sie noch ein weiteres Wort sagen konnte.

Sie ließ eine Weile verstreichen, bevor sie sich ebenfalls auf den Weg machte, und dann spazierte sie eine Weile im Park herum, bevor sie sich wieder zum Haus wandte.

Der Zorn der Prophetin

Am Abend hatte sich der größte Teil der Gemeindemitglieder so weit erholt, daß die Anbetung auf dem See doch noch stattfinden konnte. Die Sommernacht war mild, aber dunstig, am Horizont ballten sich düstere Wolken zusammen. Der nächtliche Park erstrahlte in buntem Licht. Auf der Insel und an den Ufern des Sees waren Scheinwerfer mit farbigen Linsen montiert, die einen Glanz wie ein Regenbogen über das Wasser warfen. Die Mitglieder von PLUS LUCIS lagerten auf Strohmatten auf dem Rasen und warteten angespannt auf das Erscheinen der Prophetin.

»Es ist ein wunderbares Schauspiel, Lämmchen«, versprach Evelyne Rehbeck ihrer Tochter, und Letty sagte gehorsam: »Ja, wunderbar«, aber in Wirklichkeit fühlte sie nichts als Abneigung. Nicht einmal Onkel Tommy war ihr mehr so richtig sympathisch, als sie ihn neben seiner Frau in der blumenbekränzten Sänfte sitzen sah.

Sie hatte noch nie eine Sänfte gesehen - außer auf Bildern in einem Märchenbuch - und war einen Augenblick lang völlig verdutzt, als sie vier Männer mit dem geschmückten Tragsessel daherkommen sah. Mariella saß in ihrem Brautkleid und mit dem Diadem auf dem Kopf auf einem weißen Satinkissen und grüßte hoheitsvoll nach allen Seiten. Am Seeufer wurde die Sänfte abgestellt; die beiden blieben jedoch wie auf einem Thron darauf sitzen. Jubelrufe begrüßten sie von allen Seiten, die Menge winkte und jauchzte, als hätten sie nur bei seltenen und kostbaren Gelegenheiten die Möglichkeit, sie zu sehen. Dann begann eine der langen und komplizierten Zeremonien, die eine Spezialität von PLUS LUCIS zu sein schienen.

Letty hatte keine Ahnung, worum es ging, und sie wollte nicht fragen, aus Angst, die Feierlichkeiten zu stören. Sie beobachtete aufmerksam, wie Alexander Barsony - der an diesem Abend einen schneeweißen Ornat trug und fast wie ein Priester aussah - mit einem gläsernen Kelch in der Hand vor die Prophetin hintrat. Nachdem sie das Wasser mit einer Handbewegung gesegnet hatte, besprengte er mit feierlicher Gebärde alle Anwesenden. Es wurde gesungen und musiziert, Friedensküsse wurden ausgetauscht, und zuletzt begannen die Festgäste in langer Reihe am Thron der Prophetin vorbeizuziehen. Jeder einzelne kniete nieder und führte im Flüsterton ein kurzes Gespräch mit der alten Frau. Letty wußte nicht, ob die Leute beichteten oder irgendwelche Anliegen vortrugen. Sie blieb zurück, als ihre Mutter hineilte, sich leidenschaftlich auf die Knie warf und Mariellas Hand küßte. Eine lange Reihe fremder Menschen folgte ihr. Dann tauchte plötzlich Christian auf, den Letty zuerst in der Menge gar nicht bemerkt hatte. Er eilte wie alle anderen zum Thron, fiel auf die Knie, küßte Mutter Mariella die Hand und sprach leise auf sie ein. Sie legte ihm segnend die Hand auf den Scheitel und wollte ihn offenkundig nach kurzem Gespräch entlassen, aber er redete weiter. Sie winkte ihm, schon etwas ungeduldig, sich zu entfernen. Christian hob die Stimme. Immer noch kniend, streckte er beide Hände aus. In der Runde wurde es totenstill, so daß Letty ganz deutlich seine Stimme hörte. Sie klang flehentlich.

»Heilige Mutter, das ist ein Sonderfall -«

»Niemand ist ein Sonderfall«, unterbrach ihn die alte Frau. »Es wurde alles Nötige für sie getan. Mein Bruder hat höchstpersönlich angeordnet, ihr das heilige Wasser zu verabreichen -«

Letty zuckte zusammen. Heiliges Wasser! Sie hatte darauf vertraut, daß Alexander Barsony einen richtigen Arzt für das kranke Mädchen holen würde, und er hatte nichts weiter getan, als ihr Wasser zu geben?

»Das Wasser genügt nicht, Mutter Mariella.« Christians Stimme zitterte. Offenbar hatte er furchtbare Angst - er war immer schon ängstlich gewesen, und es lag ihm überhaupt nicht, da in aller Öffentlichkeit den Zorn der Prophetin zu erregen. Letty sah, wie er die Hand an die Kehle preßte, als er weitersprach. »Heilige Mutter, sie ist sehr schwach. Sie war lange krank. Sie muß unbedingt ins Spital, sie braucht Infusionen -«

Die alte Frau starrte ihn mit funkelnden Augen an. »Sie braucht keine Infusionen«, sagte sie mit harter Stimme. »Sie braucht kein Spital. Und sie braucht keinen Arzt. Unser Arzt ist der Heiland selber, der uns sein göttliches Magnetlicht geschenkt hat.«

Christian sprang auf und machte eine wilde Gebärde, als wollte er etwas sagen, da fiel Alexander Barsony mit seiner volltönenden Stimme ein: »Wir müssen Vertrauen zu ihm haben, junger Mann, denn den

Zweiflern schenkt er seine Gnade nicht. Unsere Sünden sind es, die uns von ihm scheiden, Christian! Du und deine Verlobte, ihr müßt beten und Buße tun, und das Magnetlicht -«

Christian starrte ihn verstört an. »Hören Sie, Mann«, stammelte er, »das ist kein Spaß mehr, dem Mädchen geht es schlecht, wirklich schlecht, sie braucht einen Arzt -« Er sah hilfeflehend zu Onkel Tommy hinüber. »Niemand, der auf Gott und Seine Prophetin vertraut, braucht einen Arzt«, sagte Onkel Tommy ruhig. »Der Herr und das heilige Magnetlicht-Wasser werden sie heilen, sobald sie ihre Sünden bekannt hat.«

Christian verlor die Nerven. Tränen rannen ihm über die Wangen, als er brüllte: »Ihr Magnetlicht-Wasser? Hol Sie doch der Teufel mitsamt Ihrem Mineralwasser! Verstehen Sie nicht? Terry ist todkrank, sie kann jeden Moment sterben, wenn sie nicht ins Spital kommt -«

Onkel Tommy unterbrach ihn mit einer so wilden Gebärde, daß er erstarrte. »Sie wird nicht sterben«, donnerte er, »und wenn sie doch sterben sollte, wird die Prophetin sie auferwecken. Dich aber, Zweifler und Lästerer, wird der Zorn Gottes treffen.«

Letty hörte, wie ihre Mutter aufstöhnte und einen kleinen klagenden Schrei von sich gab, aber sie rührte sich nicht.

Plötzlich regte sich die Prophetin, die bislang unbeweglich auf ihrem blumenbekränzten Thron gesessen war. Sie öffnete den Mund, und eine tiefe, salbungsvolle Männerstimme sprach die Worte: »Er hat MICH gelästert. Ergreift ihn und werft ihn hinaus in die ewige Finsternis, wo Heulen und Zähneknirschen sind.«

Christian fuhr herum. Selbst auf die Entfernung sah Letty, daß er totenbleich war. »Ihr Schweine«, brüllte er, »ihr seid imstande und laßt Terry sterben, nur damit ihr euren faulen Zauber weitertreiben könnt -helft mir doch, irgend jemand«, schrie er, zu den Zuschauern gewandt, aber im selben Augenblick sprangen vier Männer auf ihn zu - allen voran Alexander Barsony, der ihm das Knie in den Magen rammte und ihn, als er sich vor Schmerz zusammenkrümmte, mit der Handkante in den Nacken schlug. Christian brach wimmernd zusammen. Die Männer zerrten ihn hoch und schleiften den halb Bewußtlosen über den Rasen davon, auf das Haus zu.

Letty zitterte am ganzen Leib vor Entsetzen. »Mutti«, stammelte sie, »Mutti, bitte tu was, hilf ihm, sie sind so gemein zu ihm ...« Als keine Antwort kam, hob sie den Kopf und blickte ihrer Mutter ins Gesicht.

Evelyne Rehbeck starrte in den Nachthimmel hinauf, die Augen weit aufgerissen. »Ich sehe den Himmel offen«, flüsterte sie. »Oh, gepriesen seist du, heilige Prophetin, die die Ungehorsamen mit harter Hand straft, die die Abtrünnigen in den Rachen der Hölle schleudert, gepriesen sei das Wort der heiligen Prophetin, der Mutter Mariella -«

Das Schlupfloch

Letty hörte nicht länger hin. Sie spürte auch kaum noch, wie ihre Mutter sie umklammert hielt. Ihr war zumute, als seien mit einem Schlag alle anderen um sie herum verschwunden, selbst ihre Mutter, die mit zitternden Lippen Gebete ins Leere flüsterte. Sie dachte an Janek. Es war fast elf Uhr. Sie mußte ihn treffen - nicht nur, um sich selbst in Sicherheit zu bringen, sondern auch, um Christian zu helfen.

Sie versuchte sich aus der Umarmung ihrer Mutter zu befreien, aber die umklammerte sie fester als zuvor und flüsterte: »Bleib hier, mein Kind, mein geliebtes Kind -«

»Ich muß aufs Klo, Mutti«, flüsterte Letty. »Ich mach mich schmutzig, wenn ich nicht schnell laufe.«

Evelyne Rehbeck fuhr zurück und ließ ihre Tochter los. »Schwein!« zischte sie angewidert. »Wie kannst du jetzt an solche Dinge denken - in Gegenwart der heiligen Prophetin -«

Aber da war Letty schon so weit entfernt, daß sie ihre Mutter kaum noch hörte. Sie rannte den Plattenweg entlang, der außerhalb des Lichtkreises der bunten Lampen gespenstisch weiß schimmerte. Die Schatten der Bäume und Büsche breiteten sich darüber wie die Streifen eines Zebras. Das Haus starrte ihr entgegen, schweigend und unbeleuchtet. Letty hatte plötzlich das Gefühl, daß es gewissermaßen mit aufgesperrtem Maul auf sie wartete. Sie würde in dieses offene Maul hineinrennen, und dann -

Aber nichts weiter geschah, als sie ins dunkle Innere des Gebäudes trat. Der Flur erstreckte sich vor ihr, so schwarzweiß gestreift wie der Weg draußen, wo das Licht durch die vielfach unterteilten Fenster fiel. Ihr Schritt klapperte auf den Fliesen, und das Echo folgte ihr. Sie blickte sich nach allen Seiten um, aber niemand war zu sehen, also rannte sie geradewegs zum Doktorzimmer. Wenn irgend jemand ihr hier über den Weg lief, konnte sie immer noch sagen, sie hätte sich ein Fläschchen Heilwasser holen wollen.

Ihr begegnete jedoch niemand. Das Doktorzimmer stand offen, sie konnte im Zwielicht die langen Tische mit den Medikamentenpackungen darauf sehen. Der Korridor war leer. Sie bekam schon Angst, sie habe Janek vielleicht verpaßt, als ein leiser Pfiff ihre Aufmerksamkeit auf die Treppe lenkte. Da stand er, ganz in Schwarz gekleidet, an die Mauer gepreßt wie ein Schatten. Sie sah nur seinen Umriß und die Augen, in denen das Licht glitzerte. Irgend etwas an ihm stimmte nicht - war anders als sonst. Einen Augenblick lang mußte Letty daran denken, was Alexander Barsony zu ihr gesagt hatte: *Die Dämonen nehmen gerne die Gestalt von Menschen an, um die Leichtgläubigen und von Sünden Belasteten zu täuschen ...* Unwillkürlich zögerte sie weiterzugehen. Aber dann kochte die heiße Wut in ihr auf, als sie daran dachte, wie Barsony ihren Bruder getreten und niedergeschlagen hatte. *Nein,* flüsterte sie vor sich hin, *du bist kein Gottesmensch, du bist ein schlechter Kerl und ein Lügner dazu ...*

Janek, der ihr Zögern vielleicht bemerkt hatte, ergriff Letty wortlos an der Hand und zog sie mit sich, die Wendeltreppe hinunter. Die Treppe mündete unten in einen kurzen, finsteren Gang, von dem verschiedene Metalltüren abgingen, offenbar die Türen von Werkstätten oder ähnlichen Arbeitsräumen - hier unten mußte sich ja auch die Herstellung der Heilmittel abspielen. Janek machte kein Licht, so daß sie kaum sah, wo sie hintrat. Im finstersten Winkel des Korridors blieb ihr Begleiter stehen, fischte ein Kleiderbündel aus einem Regal und reichte es ihr. Es roch schwach und widerlich nach Petroleum. »Zieh dich aus«, wisperte er, den Mund an ihrem Ohr, »und zieh das hier an. Schnell!«

Sie gehorchte, flüsterte aber: »Warum?«

»Weil man weiße Kleider im Dunkeln verdammt gut sieht - was glaubst du wohl, warum hier alle in Weiß herumlaufen müssen? Und weil die Hunde deine Spur finden könnten. Jetzt komm.«

Letty hatte große Angst, und sie sah eine schreckliche Vision vor sich, wie Alexander Barsony die dunkle Treppe herunterkam und Janek sie im Stich ließ ... aber erstaunlicherweise ging alles glatt, sie fuhr wie der Blitz aus dem Kleid und hinein in den schwarzgrauen Arbeitsoverall und zog den Reißverschluß zu. Janek stülpte ihr eine dunkle Mütze auf den Kopf. »Stopf dein Haar drunter«, wisperte er, während er ihr Kleid und ihre Jacke zuunterst in das schmutzige Regal stopfte. »Und jetzt halt still, ich geb dir nur was aufs Gesicht.«

Sie hielt verdutzt still, als er mit raschen Bewegungen eine fettige Creme auf ihrem Gesicht verteilte. »Was machst du?« flüsterte sie.

»Ich mach dein Gesicht schwarz - wie meines«, gab er leise zurück. »Das ist schwarze Schuhcreme. Da sieht man uns im Dunkeln nicht so leicht. Und jetzt komm.«

Letty begriff - deshalb hatte sie kein Gesicht gesehen, als er im Schatten der Treppe stand! Sie schwitzte. Die Schuhcreme juckte auf ihrem Gesicht, der grobe Baumwollstoff des Overalls kratzte auf ihrer zarten Haut. Janek ergriff den Kanister und leerte die Hälfte seines Inhalts über den Fußboden. Der Petroleumgeruch stieg ihr widerwärtig in die Nase. »Das stinkt«, flüsterte sie.

»Soll auch stinken«, flüsterte Janek zurück. »Das macht den Hunden die Witterung kaputt. Und jetzt halt den Mund.«

Sie gehorchte. Ihr Herz hämmerte gegen die Rippen.

Janek eilte lautlos dahin. Er nahm den Weg durch zwei oder drei verlassene Arbeitsräume, in denen Kartonschachteln und Flaschengestelle zuhauf lagen, bog dann in einen verlassenen Korridor mit grünen Glasfenstern ein und zog Letty eine weitere dunkle Treppe hinab in noch tiefere Regionen - offenbar das Geschoß K-2, denn die Räume hier waren öde und schmutzig. An den mit grauer Ölfarbe ausgemalten Wänden häufte sich Gerümpel aller Art. Als das letzte Licht von draußen erlosch, blieb Janek stehen und holte aus dem Seesack, den er umgehängt trug, eine Taschenlampe und ein Gerät, das leise summte und knisterte.

»Was ist das?« fragte Letty so leise wie möglich.

»Ein Funkgerät, wie es die Wachen hier haben. Ich hab's von Barsonys eigenem Schreibtisch geklaut. Ich will auf dem laufenden bleiben, was die Typen vorhaben.«

Als hätte das Gerät seine Worte gehört, knackte es plötzlich, und Alexander Barsonys Stimme fragte - fern, aber gut hörbar: »A.B. an Sicherheit - alles in Ordnung?«

Eine Reihe von Stimmen meldeten sich nacheinander. »Alles okay - hier ist's ruhig -«

»In Ordnung, bleibt auf Ausguck.«

»Noch hat er nichts gemerkt, aber lange wird's nicht mehr dauern«, sagte Janek leise. »Der Kerl *riecht* es, wenn irgend etwas nicht stimmt. Wir müssen uns beeilen. Hier rein.« Er ließ das schwache Licht der Taschenlampe über eine Eisentür in der Kellerwand gleiten. Sie sah so abgeblättert und verrostet aus, daß Letty dachte, sie würde unmöglich zu öffnen sein, aber Janek fuhr mit einem Schlüssel ins Schloß, und sie schwang augenblicklich an gut geölten Angeln auf. Er hatte offenkundig an alles gedacht.

Im selben Augenblick knisterte das Funkgerät von neuem. »A.B. an Sicherheit«, meldete sich die Stimme des Sektenführers. »Ich hab das Mädchen verloren - Lätitia Rehbeck -, angeblich ist sie ins Haus auf die Toilette gegangen, checkt die Waschräume durch. Ich will sie in fünf Minuten hierhaben, verstanden?«

Janek schob Letty durch das Pförtchen. Es klickte und klirrte leise, als er den Schlüssel von der anderen Seite umdrehte. Letty fand sich in ägyptischer Finsternis. Es roch nach getünchten Mauern und nach schmutzigem Wasser, und plötzlich wurde ihr klar, daß das Geräusch, das sie für das Rauschen ihres eigenen Blutes in den Ohren gehalten hatte, in Wirklichkeit das Geräusch von rasch fließendem Wasser war. Es widerhallte in dem Raum, in dem sie stand.

Sie blinzelte, als der lange weiße Lichtfinger der Taschenlampe aufleuchtete und ein Stück nasser, mit weißer Ölfarbe bemalter Ziegelmauer erhellte. Dann glitt der Lichtstrahl tiefer, und sie entdeckte, daß sie am oberen Ende einer steilen Treppe stand, die in ein tunnelartiges Gewölbe führte. Von dort unten drang das heftige Rauschen herauf.

»Was ist das, ein Abwasserkanal?«

Janek nickte. »Durch den kommen wir raus – wenn alles gutgeht. Die meisten Leute hier haben keine Ahnung, daß es einen Eingang in die Kanalisation gibt, und selbst wenn – die meisten von denen da oben würden sich weigern, uns hier runter nachzusteigen, weil sie Angst haben, einen unreinen Ort zu betreten. Und das ist das hier ja wohl.« Plötzlich grinste er und kniff sich mit zwei Fingern die schwarzgeschminkte Nase zu. Letty erwiderte die Grimasse. Das Wasser des Kanals roch wirklich übel.

Während sie im Licht der Taschenlampe eilig die Stufen hinunterkletterten, fuhr Janek fort: »Barsony und Onkel Tommy scheren sich zwar keinen Deut um rein und unrein, aber ich glaube, die Wächter haben auch keine große Lust, gerade hier zu suchen.«

»Wieso weißt du von dem Kanal?« fragte Letty. Es interessierte sie wirklich, aber sie fragte auch, weil sie eine andere Frage nicht stellen wollte, nämlich: *Bist du ganz sicher, daß diese Leute nur Lügner sind?*

»Nun, Gott gab mir ein Hirn zum Denken«, antwortete Janek. »Das hier war einmal ein Hotel mit Hunderten von Gästen, da mußte es irgendwo eine Entsorgungsanlage für all die Badezimmer und Waschräume und Toiletten geben, und die mußte für ein solches Haus ziemlich groß sein. Und als ich anfing mir Gedanken drüber zu machen, wie ich von hier wieder wegkommen sollte - da suchte ich im Keller nach dem Zugang. Irgendwo mußte es einen geben, schließlich muß eine solche Anlage von Zeit zu Zeit geprüft und in Schuß gehalten werden. Aber PLUS LUCIS war erst seit einem Monat da, also war die Wahrscheinlichkeit groß, daß sie sich noch gar nicht richtig umgeguckt hatten, vor allem, weil sie alle den Kopf in Südamerika hatten. - So, Vorsicht jetzt. In den Bach möchte ich nicht reinfallen.«

Ich auch nicht, Gott bewahre, dachte Letty, und es war nicht nur so dahergesagt, wie man sonst »Gott bewahre« sagt. Sie wünschte sich sehr, daß da wirklich jemand sein möge, der auf sie aufpaßte und ihr aus diesem finsteren Loch und den Fängen von PLUS LUCIS heraushalf.

Wenigstens gab es eine - nasse und von Salpeter überkrustete - Griffstange an der gewölbten Tunnelwand, an der sie sich festhalten konnte, während sie hinter Janek hertappte. Das schwache Licht, das sein Körper einmal halb, einmal völlig verdeckte, irritierte sie mehr, als daß es ihr half, die Füße richtig zu setzen. Sie hielt sich einfach blindlings an ihn, im vollen Vertrauen darauf, daß er wußte, was er tat. Der Kanalbach schoß mit so wütender Geschwindigkeit an ihrer Seite dahin, daß weiße Gischtstreifen auf dem Wasser sprangen. Die Ziegel unter ihren Füßen waren schlüpfrig glatt, und das Brausen des Wassers in der entfernten Tunnelwölbung verwirrte sie so, daß ihr geradezu schwindlig wurde. Ihr Herz klopfte wild. Einmal überfiel sie das scheußliche Gefühl, sie müßte jetzt gleich die Griffstange loslassen und in diesen schwarzen Wildbach hineinfallen. Sie wollte Janek rufen, wagte aber nicht, ein lautes Wort hervorzubringen, also klammerte sie sich mit beiden Händen an die Griffstange und atmete tief durch, bis ihr Herzklopfen verging und der Schwindel nachließ. Kaum fühlte sie sich wieder wohler, hastete sie ihm nach und erreichte ihn gerade noch, bevor er um eine Ecke bog.

Wasser klatschte und spritzte auf, als sie ihm in einen Seitengang des großen Kanals nachrannte. Hier war das Brausen des Wassers weniger laut hörbar, aber der Gestank war in dem kleineren Gewölbe durchdringend stark.

Letty schneuzte sich in die Finger und wischte sie am Overall ab. »Hier ist's *wirklich* unrein!« stieß sie angewidert hervor.

Sie hörte Janek, der mit dem Rücken zu ihr stand, leise lachen. »Ja, nicht wahr? Was für ein Glück, daß wir uns davon nicht schrecken lassen. Der Overall ist ziemlich dicht, der hält dir die ärgste Schweinerei vom Leibe.« Er wandte sich um und zog sie am Ärmel mit sich weiter, während er mit der Taschenlampe den buckligen Steinboden ableuchtete. Wasser troff in kleinen Rinnsalen über die Steine.

»Dich interessiert das mit der Reinheit überhaupt nicht, was?« Letty kicherte vor Nervosität.

Janek kicherte ebenfalls. »Ich wasche mir gelegentlich die Hände, wenn du das meinst.«

Einen Augenblick sah es aus, als würde sich ihre innere Spannung in hemmungslosem Gelächter entladen - sie mußten beide die Hand auf den Mund pressen, um nicht herauszuplatzen. Janek zog Letty an sich und drückte sie an seine Schulter, bis sie sich gefaßt hatte. Sie fühlte seine warme, angenehme Nähe. Ihre zitternde Aufregung legte sich. Janek ließ sie wieder los. Dann deutete er mit der Taschenlampe: *Weiter hier entlang.*

Zuweilen platschten sie durch zentimetertiefes Wasser auf dem Boden, und Letty fühlte, wie es ihre Schuhe und Strümpfe durchnäßte.

Plötzlich sagte Janek leise: »Weißt du - was du mich da vorhin gefragt hast ... ich denke, Gott geht's nicht um Reinheit. Gott geht es um Leben. Richtiges Leben. Ich kann dir das schwer erklären. Aber ich meine eine Art Leben, wo du dich selber und alle anderen liebst ... richtig liebst, nicht bloß so obenhin. Meine Schwester könnte dir vorführen, was ich meine, die liebt mich so - so ganz richtig, so, daß ich es hier spüre.« Er preßte die Faust auf die Herzgegend. Dann grinste er Letty entschuldigend an. »Tut mir leid, ich möchte dir das gerne verständlich machen ..., aber ich krieg's nicht so hin, daß es nicht albern klingt.«

»Ich weiß schon.« Sie starrte zu Boden. Sie fand auch nicht die richtigen Worte, ihm zu sagen, was sie ihm gerne sagen wollte: daß sie ihn durchaus verstand. *Leben*, hatte er gesagt. Das war das richtige Wort dafür - für das, was sie in seiner Nähe empfand. Sie fühlte sich, als fließe beständig ein warmer, prickelnder Strom durch sie hindurch, der ihre Verkrampfungen auflöste und sie mitten in ihrer Angst mutig machte.

Mit einer impulsiven Bewegung faßte sie Janeks Arm und preßte ihn mit ihren kräftigen Fingern, daß er leicht zusammenzuckte. »Ich hab schon kapiert«, sagte sie.

Er lächelte, gab aber keine Antwort. Sie bogen neuerlich ab. Der Lichtfinger der Taschenlampe tastete über einen weiteren Seitengang. Das Gewölbe hier war viel schmäler und niedriger als dasjenige, das sie eben verlassen hatten, und lag offenbar seit langem trocken, denn auf dem Boden wuchs eine Art Moos. Als das Licht über die Deckenwölbung glitt, entdeckte Letty die dunkle Öffnung eines nach oben führenden Schachts. Janek ließ seine Lampe gerade lang genug aufleuchten, um sich zu orientieren, dann knipste er sie ab. Auch das Funkgerät hatte er ganz leise gedreht. Offenbar fürchtete er, man könnte durch die Luftschächte draußen etwas hören oder sehen.

Er packte Letty am Ellbogen und zog sie hinter sich her. Sie stolperte mehrmals, denn der Boden hier war längst nicht so glatt und regelmäßig wie im Bachgewölbe draußen. Es wurde immer schlimmer, je weiter sie gingen. Es dauerte nicht lange, da stieß Letty sich die Zehen an Steinbrocken, die vom Gewölbe herabgefallen sein mußten. Aber die Luft hier roch anders, erdiger, frischer, und es war wärmer, als strömte von irgendwo die samtige Luft einer Sommernacht herein. Janek tastete im Finstern nach Lettys Hand und drückte ein Endchen Schnur in ihre Finger, das zu einer kleinen Schlinge geknotet war. »Streif dir das über die Hand und halt es ganz fest«, wisperte er, »sonst verlierst du mich. Ich gehe als erster. Du kommst nach, wenn ich zweimal fest an der Schnur ziehe. Es geht nur einen schrägen Luftschacht hinauf, hab keine Angst. - Okay?«

»Okay.«

Er ließ ihre Hand los. Sie hörte ein Scharren und Kratzen, als kletterte jemand über Steine, dann das Rieseln von Erde. Losgetretene Steinchen rollten. Sie spürte, wie sie über ihre Füße sprangen. Etwas raschelte laut und trocken. Dann ruckte es zweimal scharf an ihrem Handgelenk.

Sie tappte ins Dunkle. Der Weg war leichter zu finden, als sie gedacht hatte. Der Stollen war hier so eng, daß sie die Mauern links und rechts berühren konnte, ohne die Arme auszustrecken. Ein Teil der Mauern mußte verschwunden sein, denn ihre Hände stießen auf Erde, als sie sich in der undurchdringlichen Finsternis vortastete - kaltfeuchte Kellererde, die in klumpigen Häufchen da lag. Etwas Kleines, Kaltes krabbelte über ihre Hand. Sie schüttelte es erschreckt und angewidert von den Fingern und kroch weiter. In Hüfthöhe neigte sich ein Teil der Mauer schräg nach hinten und oben. Sie fuhr mit der Hand hin und her und berührte eine Leitersprosse. Ein Stück höher fühlte sie eine zweite, dann noch eine.

An ihrem Handgelenk ruckte es scharf. Sie erschrak, dann begriff sie, daß Janek fragen wollte, wo sie blieb, und sie zog ihrerseits zweimal kurz hintereinander. Dann faßte sie entschlossen den ersten metallenen Griff und zog sich hoch. Erde und Steine lösten sich, als sie ihre Beine nachzog und auf die Leitersprosse setzte, aber im großen und ganzen war die schräge Ebene solide, die Griffe saßen fest und trugen ihr Gewicht. Letty freute sich plötzlich, daß sie so kräftig war. Es bereitete ihr gar keine Mühe hier hinaufzuklettern. Sie war auch keineswegs ungeschickt. Sie kroch wie eine Katze durch den engen Schacht und schlüpfte mühelos durch die gemauerte Öffnung am Ende. Steifes Gras und Binsen raschelten. Janek faßte mit beiden Händen zu und zog sie an sich.

»Tüchtiges Mädchen«, flüsterte er kaum hörbar und drückte ihr gleichzeitig einen Finger auf den Mund. »Komm.«

Letty mußte erst einmal blinzeln, um sich nach all der Finsternis im Tunnel wieder zu orientieren. Sie saß am Fuß einer steilen Böschung, vor sich ein Dickicht dunkler Bäume und Büsche. Rechter Hand verlief eine hohe helle Mauer, von einer Doppelreihe Stacheldraht gekrönt.

Es dauerte ein paar Sekunden, bis sie richtig begriff.

Sie waren *außerhalb* der Mauern des Schloßparks.

Flucht durch die Nacht

Letty stieß einen tiefen Atemzug aus. Aber sie fand nicht lange Zeit, sich zu entspannen. Ein Lichtschein erhellte den Nachthimmel über dem Schloßhotel, so grell, daß sie einen Augenblick lang dachte, es hätte gewaltig geblitzt. Das blauweiße Licht blieb jedoch stehen, und eine Sirene stieß ihren schrillen, durchdringenden Klageton aus.

»Komm weg hier.« Janek zog an ihrer Hand. »Halt den Kopf unten und richte dich möglichst wenig auf. Die kommen uns jetzt gleich nach.«

Dicht hintereinander rannten sie den schmalen Pfad am Waldrand entlang. Letty stellte zu ihrer eigenen Verwunderung fest, daß sie mühelos mit Janek Schritt hielt. Sie zog sich mit beiden Händen die Mütze tief ins Gesicht und stopfte ihr langes Haar, das sich befreien wollte, energisch wieder darunter.

»Der Park wird systematisch durchsucht!« Jetzt war nicht mehr Alexander Barsony am Funkgerät, sondern eine andere Männerstimme. Letty erkannte Onkel Tommys Stimme wieder, obwohl sie jetzt absolut nicht mehr freundlich klang. Als sie sich umwandte, sah sie das Schloßhotel hinter sich auf dem Abhang des Hügels, kalkweiß beleuchtet von den Flutlichtlampen im Park.

»Sie sind beide fort!« kreischte Onkel Tommys Stimme aus dem Funkgerät. »Beide, das Mädchen und der Kerl - einer von den Dunkelmenschen, Jaroslav oder irgend so ein Zigeunername ..., sofort festnehmen und in die Zentrale bringen!«

»Erst mal haben!« wisperte Janek, während er tief geduckt den Pfad entlangrannte. Letty jagte hinter ihm her. Rechts stand der Wald dunkel und undurchdringlich neben ihr, links erhob sich die steile Böschung, deren Gras jetzt silbrig glänzte, als falle helles Mondlicht darauf. Wenn Letty einen Blick zurückwarf, konnte sie deutlich die Mauer sehen und den Stacheldraht, der auf ihrer Krone glitzerte. Plötzlich hörte sie Hundegebell. Es lief ihr eiskalt über den Rücken, als ihr der Pitbull einfiel, der sie an der Brücke zum Inselchen angeknurrt hatte. Wenn einer dieser schrecklichen Hunde hinter ihr her war ... sie bemühte sich, den Gedanken wegzuschieben. Sie durfte jetzt einfach nicht daran denken, was schiefgehen konnte. Sie mußte -

Janek stopppte so abrupt, daß sie an ihn anrannte. Mit einer blitzschnellen Bewegung schob er sie mit ausgestrecktem Arm an den Rand des Pfades, so weit ins Gebüsch, wie es nur möglich war, ohne Lärm zu machen, und blieb selbst reglos stehen. Er brauchte nichts zu sagen. Sein Erstarren verriet Letty alles, was sie wissen mußte. Sie hatte weder Zeit noch Gelegenheit, bewußt zu reagieren, sie blieb einfach stehen, stocksteif, flach und leise atmend. Wenigstens wehte der Nachtwind kräftig genug, daß das Geraschel der Blätter und Zweige das kleine, verräterische Geräusch ihrer Atemzüge übertönte.

Jetzt hörte sie selbst, was Janek alarmiert hatte: Schritte, die den Weg entlangkamen.

Es waren die Schritte von mehreren Personen, zwei Männern, wie sie gleich darauf feststellte. Letty merkte sofort, daß es nicht der Schritt von Jägern und Verfolgern war. Die Männer bewegten sich zugleich rasch und schwerfällig, wie es Leute tun, die nach einem strapaziösen Arbeitstag so rasch wie möglich heim und ins Bett wollen. Im Halbdunkel konnte sie wenig mehr erkennen als schattenhafte Umrisse. Vielleicht waren es Bauern oder Landarbeiter, vielleicht ein Förster und sein Gehilfe. Sie sprachen nicht miteinander, sondern trotteten stumm vorbei. Letty hätte sie berühren können. Jetzt war sie froh, daß Janek an den dunklen Overall gedacht und ihr Gesicht geschwärzt hatte - in ihrem weißen Kleid wäre sie nicht weit gekommen!

Die beiden Männer, die da spätnachts unterwegs waren, marschierten achtlos und ahnungslos an ihnen vorbei. Als sie außer Hörweite waren, zog Janek kräftig an Lettys Handgelenk, und sie eilten weiter.

Das Hundegekläff war deutlich zu hören. Einmal kamen die Verfolger so nahe, daß Letty rufende Stimmen vernahm, aber dann entfernte sich der Lärm wieder. Es klang, als suchten sie an der Mauer entlang. Wahrscheinlich vermuteten sie, die beiden Flüchtigen versuchten irgendwo über die Mauer zu klettern.

Plötzlich endete der Waldpfad. Sie bewegten sich geduckt im Schatten der Bäume weiter, an ein paar Büschen vorbei. Letty spähte zwischen den Zweigen durch. Vor ihnen fiel der Hügel in einer sanften Böschung ab. An seinem Fuß lag ein Dorf - ein sehr kleines Dorf mit einem winzigen Kirchlein. Etwas abseits am Ortseingang stand ein modernes Gebäude, und an diesem Gebäude befand sich ein weithin sichtbares Leuchtschild: GENDARMERIE.*

Letty atmete tief durch, als sie das Leuchtschild sah. »Wir haben's geschafft.«

Aber Janek schüttelte den Kopf. Er streckte langsam die Hand aus und deutete auf den Parkplatz neben dem Gendarmerieposten.

Unter den orangefarbenen Lampen des Parkplatzes stand ein weißer Sportwagen.

Letty wußte sofort, was der Wagen zu bedeuten hatte. Alexander Barsony war hier. In diesem Augenblick saß er höchstwahrscheinlich drinnen beim Wachkommandanten und erzählte ihm mit seiner glattzüngigen Selbstsicherheit irgendeine wilde Geschichte von einem minderjährigen Mädchen, das mit dem Küchenburschen durchgebrannt war und schleunigst zu seiner Mutter zurückgebracht werden mußte. Wenn sie sich hier blicken ließen, würde man sie an Ort und Stelle ins Schloßhotel zurücktransportieren - wahrscheinlich mit dem Polizeiwagen!

»Was machen wir jetzt?« flüsterte Letty.

Janek überlegte, dann zuckte er die Achseln. »Wir müssen zusehen, daß wir irgendwo eine Telefonzelle finden ... wir rufen deinen Vater an, er soll uns zu Hilfe kommen, und dann -«

»Ich fürchte, mein Vater ist immer noch in Barcelona.«

---

* *Gendarmerie, Gendarm* österr. Polizei, Polizist (auf dem Lande)

»Deine Stiefmutter oder was sie ist, würde die uns helfen?«

Letty antwortete nicht sofort. Sie begriff plötzlich, daß sie keine Ahnung hatte, was von Traude zu erwarten war und was nicht. »Ich weiß nicht«, sagte sie unsicher. »Ich kenn sie kaum - ehrlich gesagt. Ich nehme nicht an, daß sie PLUS LUCIS hilft, aber ob sie sich grade zerreißt, mir zu helfen -«

»Egal«, unterbrach Janek. »Wenn schon dein Vater nicht da ist, rufen wir eben seine Freundin an.«

Sie liefen weiter den Waldweg entlang, der jetzt beständig hügelab führte. Von Verfolgern war nichts mehr zu hören. Die hohen, dunklen Bäume versperrten den Blick auf das Schloßhotel, aber ein silbriger Schimmer in dieser Richtung verriet, daß die Flutlichtlampen immer noch brannten. Letty stellte sich vor, wie sämtliche PLUS-LUCIS-Anhänger, ihre Mutter und Eva eingeschlossen, wie wild im Park herumrannten und nach ihr suchten. Es war ein schauderhaftes Gefühl. Sie glaubte die brennenden Blicke zu spüren, die nach ihr ausspähten, und die ausgestreckten Hände, die nach ihr tasteten. Eine jähe Übelkeit durchfröstelte sie.

Nicht lang danach sahen sie Lichter durch die dunklen Bäume schimmern, konnten aber nicht ausmachen, ob es Straßenlampen oder die Lampen von Gebäuden waren. Janek wandte sich zu ihr um. »Paß auf«, flüsterte er, »du bleibst hier sitzen, ich laufe ein Stück vor und sehe nach.« Er drückte ihr das Funkgerät in die Hand, das kaum hörbar knisterte. »Bleib auf dem laufenden, was sie reden. Ich bin in fünf Minuten wieder da.«

Letty war nicht sehr erfreut über diese Anweisung. Ihre Hände wurden kalt und klamm, als Janek verschwand und sie allein unter den finsteren Baumkronen zurückblieb. Ihr Herz klopfte in der Halsgrube. Kalte Feuchtigkeit sammelte sich auf ihren Schläfen und unter den Achseln. Sie verkroch sich zwischen zwei nahe aneinanderstehenden Bäumen, uralten Baumruinen, auf denen der Efeu ein dichtes Netz gesponnen hatte. Ein modriger Geruch drang aus den alten Stämmen. Sie zuckte, als etwas Kleines auf vielen Beinchen über ihre Hand rannte. Heiße und kalte Schauer krochen abwechselnd über sie hin.

Dann sprach die Stimme zu ihr.

Einen Augenblick lang erschrak sie so furchtbar, daß sie ausglitt und sich auf dem kaltfeuchten Waldboden hinsetzte. Janek hatte das Funkgerät sehr leise gedreht, damit es sie nicht verriet, und immer wieder angespannt dem hastigen, schnarrenden Hin und Her von Befehlen und Berichten gelauscht, aber nun sprach eine ganz andere Stimme aus dem Lautsprecher. Sie klang tief und fremd und melodisch.

»Lätitia«, sagte die Stimme. »Lätitia, mein geliebtes Kind.«

Der Schock war so groß, daß Letty unwillkürlich stammelte: »Ja?«

Die Stimme lachte leise. Es klang, als würde ein Gong angeschlagen. Wer immer da sprach, schien sehr amüsiert darüber, daß Letty sich von ihrem Schrecken zu einer Antwort hatte hinreißen lassen. Dann wurde die Stimme jedoch wieder ernst. »Lätitia«, flüsterte sie, »mein geliebtes Kind, kehr heim - noch ist Zeit der Gnade, noch kannst du umkehren und gerettet werden. Komm heim! Komm zu mir!«

Letty kauerte wie erstarrt im alten Laub. Sie preßte das Funkgerät ans Ohr, wie hypnotisiert von der Stimme, die weiterhin auf sie einsprach.

»Du hörst mich, Kind«, klang die Stimme in ihrem Ohr. »Ich weiß, daß du mich hörst. So sage ich dir: Dies ist die letzte Chance, die ich dir gebe. Kehr um! Jeder Schritt weiter ist ein Schritt in den Abgrund!« Ein paar Sekunden verstrichen, dann sprach der Unbekannte weiter. »Was zögerst du? Vor dir liegt das Reich des Satans. Noch ein Schritt, und der Boden unter deinen Füßen wird wanken, die Erde wird sich spalten und auftun, und du wirst in die Tiefe hinabstürzen. Fühlst du nicht, wie unsichtbare Hände nach dir greifen? Spürst du nicht den Eishauch der Dämonen, die sich um dich versammelt haben und auf deine Seele lauern?«

Letty rührte sich nicht. Die Stimme widerhallte in ihrem Kopf, ein grausames Flüstern, das unaufhaltsam in ihre Gedanken drang. Sie fror entsetzlich. Sie glaubte tatsächlich zu fühlen, wie der Boden unter ihren Füßen wie bei einem Erdbeben zitterte, sie fühlte die unsichtbaren Hände, die über ihr Haar und ihr Gesicht tasteten, sie spürte den kalten Hauch, der ihr entgegenblies, als sei die schwarze Finsternis rundum voll Schreckgespenster. Die schlimmsten Geschichten, die ihre Mutter ihr je erzählt hatte, fielen ihr alle wieder ein.

»Sie wollen dich fassen, Lätitia«, fuhr die Stimme fort, »sie warten auf dich, sie lauern, sie wollen dich mit ihren Krallen ergreifen und hinabschleppen in die äußerste Finsternis ... willst du mit ihnen gehn? Oder willst du nicht lieber zurückkehren? Wenn du zurückkommst, sollst du noch eine letzte Chance haben. Lätitia -«

»Nein!« Letty ließ mit einem Aufschrei das Funkgerät fallen. Ohne daran zu denken, daß man sie hören konnte, stieß sie in heller Panik hervor: »Nein - nein - ich komme nicht - ich will nicht -«

Sie mußte den Lautstärkeregler berührt haben, als sie das Gerät von sich wegschleuderte, denn plötzlich wurde die Stimme sehr laut, und jetzt war sie nicht mehr süß und melodisch, sondern sprühte vor Gift und Galle. »Du elende kleine Schlange!« kreischte sie. »Du Viper! Du miese Ratte! Dann geh doch mit deinem Zigeuner, fahr zur Hölle mit ihm! Weißt du, wo die Unzüchtigen enden, weißt du das, ja? In einem See aus Feuer und Schwefel, der dich kleine Schlampe zerfressen wird, hörst du, *zerfressen*, bis nichts mehr von dir übrigbleibt -«

Letty begann zu rennen. Sie machte sich nicht einmal die Mühe, nach dem Funkgerät zu suchen, das irgendwo im Moos und Efeu lag, und so hallte ihr die Stimme geifernd nach: »Schlampe! Kröte! Elende kleine Nutte!«, bis sie weit genug weg war und nichts mehr hörte.

Keuchend und am ganzen Leib zitternd blieb sie stehen. Instinktiv war sie auf die verschwommenen Lichter hinter den Bäumen zugerannt, und jetzt stand sie am Waldrand. Das Blut brauste ihr in den Ohren. Sie wischte sich mit dem Ärmel übers Gesicht und verschmierte Schweiß, Schminke und Tränen. Sie stand, ganz in der Nähe eines Bahnübergangs, am

Rand einer Landstraße, die zwischen Bäumen und Büschen auf ein langgestrecktes, von zwei Straßenlampen beleuchtetes Gebäude zuführte. Ein Bahnhof schien es zu sein, denn sie sah die Masten und die farbigen Lichter von Signalanlagen. Aber etwas anderes interessierte sie viel mehr als der Bahnhof: Neben dem Bahnübergang stand, einsam in der Landschaft, eine Telefonzelle.

Ein verzweifelter Hilferuf

Janek hatte ihr Laufen gehört. Er tauchte wie ein Schatten am gegenüberliegenden Straßenrand auf und eilte auf sie zu. »Was ist los?« fragte er aufgeregt. »Wieso wartest du nicht? Was war das für ein Lärm?«

Sie brachte kaum eine Antwort über die Lippen, deutete nur: Schnell weg hier. Sie querten die Straße und rannten zwischen Wald und Straße entlang, auf die Telefonzelle zu. Ein Schild am Bahnübergang besagte: ZUM BAHNHOF NEU-DEGGERSDORF. Vor der Telefonzelle blieb Letty stehen.

»Ich rufe bei mir zu Hause an.«

Janek warf einen Blick in beide Richtungen. »Okay ... aber mach so schnell du kannst. Wenn hier einer vorbeikommt, dann hat er uns.«

Sie zwängten sich in die Telefonzelle. Lettys Finger zitterten, als sie den Hörer von der Gabel abnahm und die Nummer ihres Elternhauses wählte. Es klingelte nur ein einziges Mal, da hörte sie schon, wie abgenommen wurde, obwohl es mittlerweile zwei oder halb drei Uhr nachts sein mußte.

»Ja?« rief Traudes Stimme in den Hörer.

»Traude ... ich bin's, Letty. Ich -«

»Letty? Bist du wahnsinnig geworden, wo bist du? Dein Vater und ich, wir machen uns die größten Sorgen, deine Mutter ruft völlig hysterisch hier an und erzählt uns, du wärst mit einem Mann durchgebrannt und -«

Sie verstummte, als würde ihr der Hörer aus der Hand genommen. Albert Rehbecks tiefe Stimme dröhnte aus der Sprechmuschel. »Letty, was soll das bedeuten? Von wo rufst du an? Ist deine Mutter bei dir? Wo bist du überhaupt?«

»Ich will nicht zu ihr zurück!« schrie Letty in den Hörer. »Vati, du mußt mir helfen, sie sind hinter uns her, und wenn sie uns erwischen -«

»Wo bist du?« unterbrach ihr Vater sie scharf.

»Da ist ein Bahnhof - Neu-Deggersdorf -, jetzt bin ich ganz in der Nähe, ich könnte dort auf dich warten. Aber du mußt rasch kommen, sie verfolgen uns, sie haben Christian halb totgeschlagen -«

»Ich rufe den nächsten Gendarmerieposten an, die -«

»Nein! Nein!« Letty weinte fast. »Auf der Gendarmerie sitzt Alexander Barsony, die würden uns zurückbringen, und sie fliegen nach Südamerika, vielleicht heute nacht noch -« Plötzlich konnte sie sich nicht mehr beherrschen. Sie brach in Tränen aus und schluchzte wild in den Hörer, während die Zähluhr tickte. Janek warf eine Münze nach. Sein Blick glitt besorgt die Straße auf und ab. »Mach schnell, Letty«, flüsterte er. »Wir stehen hier wie im Schaufenster.«

Letty nahm sich zusammen und würgte die Tränen hinunter. »Vati«, stieß sie hervor, »ich kann nicht mehr reden, sie sind hinter uns her. Wir warten hier am Bahnhof auf dich. Neu-Deggersdorf. Im Warteraum. Bitte komm rasch.« Dann fiel ihr noch etwas ein. »Und Vati - Terry ist todkrank, und sie wollen keinen

Arzt holen, sie haben Christian zusammengeschlagen - du mußt die Rettung verständigen - einen Arzt - ich weiß nicht - sie brauchen Hilfe -«

»Überlaß das mir. Ich komme, so rasch ich kann«, sagte ihr Vater. »Ich blinke dreimal kurz mit den Rücklichtern, damit du nicht zum falschen Wagen läufst. Bleib außer Sichtweite. Und nimm ausnahmsweise mal deinen Verstand zusammen, ja?«

Damit hängte er ein.

Janek war sichtlich erleichtert, als sie die Telefonzelle verlassen konnten. »Auf hundert Meter hätte man uns sehen können«, murmelte er. »Ich hoffe bloß, wir sind weit genug vom Schuß ... bis dein Vater hier sein kann, dauert es mindestens eine Stunde. Wir müssen uns auf jeden Fall verstecken, bis er kommt.«

»Und wo?« fragte Letty, während sie auf den Bahnhof zuliefen. Es war ein richtiger Dorfbahnhof, nicht mehr als ein einstöckiges Häuschen mit einem Fahrkartenschalter, zwei Toiletten und einem Warteraum, das, von Signalanlagen umgeben, neben der Eisenbahnstrecke stand.

Janek sah sich um. »Ich weiß nicht recht ... wir müssen ihn sehen können, ohne selbst gesehen zu werden ... warte einmal. Wie wär's damit?« Er deutete auf das Dach des Bahnhofs. Es war flach, aber an der Vorderseite schirmte ein kleiner falscher Giebel - wie der Giebel eines Lebkuchenhäuschens sah er aus - den Blick ab. Er war hoch genug, um sich, wenn man lag oder kniete, dahinter zu verstecken.

»Komm. Wir klettern auf den Baum da und über den Ast aufs Dach, aber paß auf die Stromleitungen auf. Schaffst du's?«

»Ich glaub schon.«

Er verschränkte die Hände und sie faßte Tritt und zog sich in die erste der mächtigen Astgabeln eines alten Kastanienbaums hoch. Der Ast, so dick wie Lettys Taille, reichte bis über das Dach. Sie sprang auf die mit alter Teerpappe gedeckte Fläche, lief gebückt zum Giebel und duckte sich dahinter. Es war ein gutes Versteck. Durch die Löcher im Giebel - sie hatten alle die Form von Herzen und Rhomben - konnte sie ein Stück weit die Gleise überblicken, den Bahnhofsvorplatz und die Landstraße, auf der ihr Vater ankommen mußte.

»Jedenfalls ist dein Vater sehr auf Zack«, bemerkte Janek mit gedämpfter Stimme, als er sich neben ihr auf der Wellpappe ausstreckte. Er mußte einen Haufen trockener Blätter beiseite wischen, die der Wind an den kleinen Giebel geweht hatte. »Nicht der Typ, der ratlos rumstottert, wenn's hart auf hart geht.«

Letty grinste ein wenig unbehaglich. »Na ja ... das stimmt schon. Er ist furchtbar praktisch. Und man kann ihm nichts nachsagen. Er ist bloß - nicht gerade nett.«

»Tja, das kommt bei sehr praktischen Leuten oft vor«, stimmte Janek zu. »Allerdings - deine Mutter ist keineswegs ›praktisch‹, und trotzdem würde ich sie auch nicht gerade als ›nett‹ bezeichnen.«

»Ich will nicht dran denken«, flüsterte Letty. Immer wieder hatte sich in den letzten Stunden das Gesicht ihrer Mutter vor Augen geschoben, dieses starre, verzückte Gesicht und die bebenden Lippen, von denen die Worte kamen: *Gepriesen seist du, heilige Prophetin, die die Ungehorsamen mit harter Hand straft, die die Ab-*

trünnigen in den Rachen der Hölle schleudert ... während Barsony und seine Helfershelfer den stöhnenden Christian wegschleiften ... und dann diese schreckliche, lockende, beschwörende, fluchende Stimme im Funkgerät ...

»Irgendwann wirst du dran denken müssen«, sagte Janek leise und legte ihr die Hand auf die Schulter. Sie fühlte, wie seine Finger sich über dem groben Stoff des Overalls hin und her bewegten. »Aber es muß nicht grade jetzt sein. Mann, wenn das hier überstanden ist, will ich nichts weiter als ein Bad und ein Bett. Ich hoffe, dein Vater gewährt mir beides - sonst müßte ich bis ans andere Ende der Stadt zu meiner Schwester fahren.«

»Das tut er sicher. Und er wird dir wahrscheinlich einen Packen Geldscheine in die Hand drücken und sagen: ›Das ist dafür, daß Sie meine Tochter gerettet haben, aber kommen Sie bloß nicht um mehr!‹«

Der junge Mann erstickte im Jackenärmel ein Kichern. Er schien die Vorstellung eher komisch zu finden als beleidigend.

Letty rückte an ihn heran. »Ich finde das super, wie du lachst«, flüsterte sie. »Ich möchte dann immer auch lachen.«

»Tu's doch. Aber tu's möglichst leise.«

Sie preßte die Hand auf den Mund, als ein Geräusch in ihrer Kehle aufstieg, von dem sie nicht wußte, ob es Lachen oder Weinen war - und dann preßte sie das ganze Gesicht in Janeks schwarze Jacke und prustete los, bis ihr die Tränen aus den Augen rannen.

»Gibst du mir einmal das Funkgerät?« fragte er dann. »Ich möchte hören, was sie aushecken.«

Letty schluckte. Es war ihr furchtbar peinlich, ihm die ganze Geschichte erzählen zu müssen, wie und warum sie das Funkgerät verloren hatte. Er war auch ziemlich ärgerlich; einen Moment lang stieß er einen Laut aus, der wie ein Fauchen klang, und preßte die Finger um ihr Handgelenk. Dann entspannte er sich und zuckte die Achseln. »Das ist nicht gerade gut für uns, wenn das Ding da eingeschaltet im Wald liegt und vor sich hinquakt - wenn sie es finden, wissen sie, wo sie nach uns suchen müssen. Na ja. Geschehn ist geschehn. Hoffentlich taucht dein Vater bald auf.«

Letty sagte leise: »Tut mir leid, daß ich so ungeschickt bin.«

Er wandte sich ihr zu und lächelte. »Bis jetzt war es dein einziger Fehler ..., das ist eine sehr gute Quote für ein junges Mädchen aus gutem Haus, das zum erstenmal aus dem Gefängnis ausbricht.«

»Ich kann das alles noch gar nicht richtig glauben ... es kommt mir so verrückt vor.« Sie schob sich schutzsuchend an ihn heran und legte die Hand auf seine Schulter. »Ich meine ..., daß ich geflüchtet bin ... und was sie Christian angetan haben ... und was wird Mutti jetzt überhaupt machen?«

»Das mußt du deiner Mutter überlassen«, sagte er sanft. »Sie ist alt genug. Und du bist auch alt genug. Du mußt jetzt ganz deinen eigenen Weg gehen.«

»Aber ich weiß überhaupt nicht, was der richtige Weg für mich ist. Ich ... ich meine, das klingt vielleicht dumm und arrogant, aber - ich finde, alle machen es falsch. Vati *und* Mutti *und* Christian ... ich möchte es nicht so machen wie sie. Aber ich weiß nicht, wie ich es machen möchte. Das ist albern, nicht?«

»Nein, finde ich nicht«, sagte er. »Das geht jedem Menschen so. Bei mir war's genauso.«

»Und wie hast du deinen Weg gefunden?«

Er streckte sich auf dem Bauch aus und legte die Wange auf die verschränkten Arme. »Mhm ... ich habe gehorcht, was man in der Muschel so rauschen hört. Es war nicht immer klar und deutlich zu verstehen, weißt du, oft war es nur ein Gefühl, eine Stimmung, ein Wort ... aber irgendwie ging es immer weiter und weiter. Manchmal kam es so richtig aus dem Rauschen heraus, ganz direkt, aber meistens kam es über irgendeinen Menschen, oder ein Buch, oder einen Film. Und ich hab manchmal tolle Träume gehabt.«

»Erzähl sie mir«, flüsterte Letty.

Er zögerte. »Ich weiß nicht ... für dich klingen sie vielleicht nur komisch.«

»Nein, sicher nicht.«

»Na ja - einmal träumte ich, daß ich einen Abfluß reparierte, einen ganz gewöhnlichen Abfluß. Ich kroch unter allen möglichen alten Röhren herum, und ich mußte ein Loch in die Mauer stemmen, und dann guckte ich durch dieses Loch und ... ich weiß nicht, wie ich dir das sagen soll. Dahinter war eine andere Welt. Ich weiß nicht mehr genau, was ich sah, nur, daß es ein gewaltiger Anblick war. Es war wie ein Ozean bei Nacht, ein endloses schwarzes Wasser unter einem pechschwarzen Himmel, und Flammen loderten darauf, als brenne ein Ölteppich.«

»Oh«, sagte sie leise. »Das klingt - schön und unheimlich zugleich.«

»Ja, so empfand ich es auch«, stimmte er zu. »Und es machte mir klar, daß ich an eine andere Welt glaube

- oder sagen wir lieber, eine andere Wirklichkeit, an etwas hinter den Mauern dieser Welt, die ich kenne. Und der zweite Traum -« Plötzlich unterbrach er sich, preßte die Hand an die Lippen und horchte angespannt. »Pst, Letty«, flüsterte er.

Sie gehorchte erschreckt. Jetzt hörte sie es auch: Ein Wagen näherte sich, bog in die gekieste Auffahrt zum Bahnsteig ein. Sie rückte an den falschen Giebel heran und spähte argwöhnisch durch die Löcher. Das war nicht Vaters Wagen. Es war ein weißer Kombi.

Er hielt auf dem Bahnsteig, zwei Männer in weißen Uniformen sprangen heraus und leuchteten mit Stablampen nach allen Seiten. Letty erkannte den großen jungen Mann mit dem Bürstenhaarschnitt wieder, der vor Onkel Tommys Büro Wache gehalten hatte. Den anderen kannte sie nicht, aber er mußte ebenfalls ein Mitglied von Alexander Barsonys privater Sicherheitswache sein. In der Stille der Nacht war ganz deutlich zu hören, was sie miteinander sprachen.

»Hier ist niemand - aber sieh mal drinnen im Warteraum nach ... auch nichts? Und die Toiletten? Vielleicht haben sie sich in den Toiletten versteckt?«

Erschrocken hörte Letty, wie sie mit den Absätzen gegen die Toilettentüren traten, bis die einfachen Brettertüren krachend nachgaben. Dann riefen sie einander zu. »Hier ist nichts - niemand zu sehen -«

Glas klirrte, als einer mit dem Schlagstock so kräftig gegen die Glasscheibe des Fahrkartenschalters schlug, daß sie klirrend zersprang. Letty sah die breiten Lichtfächer der Taschenlampen über kümmerliches Gras und ölgesprenkelten Schotter gleiten. Die Stahlspuren der Eisenbahngleise blitzten im Licht auf.

»Ist doch ohnehin Unsinn, so weit weg noch zu suchen«, sagte einer der beiden Männer. »Ich wette, die haben sich irgendwo in einem finsteren Winkel im Haus versteckt und traun sich nicht raus -«

»Ich würd' mich auch nicht mehr raustrauen«, brummte der zweite, »wenn ich mich ausgerechnet mit'm Mädchen eingelassen hätte, das Barsony selber gefällt. Der schlitzt dem Typ die Kehle auf, wenn er ihn zu fassen kriegt.«

Der andere stieß ein rauhes Lachen aus. »Und seine Tochter schlitzt dem Mädel die Kehle auf - das eifersüchtige kleine Miststück«, sagte er. »Die beißt doch jede weg, die ihrem Alten in die Nähe kommt, oder stimmt's etwa nicht?«

»Stimmt schon«, antwortete der zweite, aber er dämpfte die Stimme. »Nur würde ich an deiner Stelle lieber leiser reden, der Kerl hat Ohren wie ein Wolf, und du weißt nie, wo er grade ist. Und was Anna angeht, wär' ich auch lieber still. Die wird nämlich sehr bald unsere neue Chefin sein, wenn mich nicht alles täuscht.«

»Du spinnst ja.« Der andere blieb stehen und hieb mit seinem Schlagstock einer riesigen Distel die Blüten ab. »Wie kommst du denn darauf?«

Sein Begleiter sperrte mit einer dramatischen Handbewegung Augen und Ohren auf. »Sie prophezeit schon fast mehr als die Alte ... und wenn du mich fragst, prophezeit sie auch besser. Schluß mit dem Gesegnet-liebe-Kinderlein-Getue. Die Kleine hat Pep. Und mit dem Alten im Rücken wüßt' ich nicht, was sie noch aufhalten soll.«

»Der Alte selber«, sagte der andere Wächter, und

beide brachen in ein dumpfes, prustendes Gelächter aus. Dann stießen sie einander in die Rippen. »Komm«, sagte einer, »wir fahren runter in die Autobahnraststätte, die haben die Nacht über offen, und ziehn uns ein Bier rein. Wenn uns einer fragt, sagen wir, wir haben eine vielversprechende Spur im Wald verfolgt.« Immer noch lachend, sprangen sie in den Wagen, starteten und fuhren davon.

Letty atmete hörbar auf. Sie merkte erst jetzt, daß sie die ganze Zeit Janeks Handgelenk umklammert hatte. Verlegen ließ sie ihn los, aber er griff im Halbdunkel nach ihrer Hand und drückte sie liebevoll.

»Diese scheußlichen Typen«, wisperte sie, als sie wieder zu reden wagte. »Du hast sie gleich durchschaut, aber ich ... ich bin ihnen reingefallen.«

»Weißt du«, sagte Janek nachdenklich, »vielleicht fällt es mir leichter, diese Dinge zu durchschauen, weil ich sie alle schon einmal erlebt habe ... allerdings ganz privat. Mein Vater war kein Sektierer, aber er war ein Mensch vom selben Schlag wie Onkel Tommy und die Barsonys. Er sah sich selbst als Übermenschen. Er konnte alles, wußte alles, hatte alles längst durchschaut. Wer ihm widersprach, war entweder ein armer Narr, der von nichts eine Ahnung hatte, oder ein Lügner und Sendbote des Teufels. Er hatte immer recht, also konnten alle anderen nur immer unrecht haben, und das machte er ihnen in recht ungehobelten Worten klar.« Er stützte das Kinn auf die verschränkten Hände und lächelte wehmütig. »Ich habe versucht, ihn zu lieben ... Kinder versuchen wahrscheinlich immer, ihre Eltern zu lieben, auch wenn es schwierig ist; schließlich hältst du sie anfangs für die einzigen Menschen auf der Welt, die dich beschützen und ihrerseits lieben können. Aber ich merkte dann bald, daß es nur einen einzigen Weg gab, mit Vaters brutaler Selbstherrlichkeit auszukommen: Ich mußte mich selbst winzig klein und ihn riesengroß machen. Ich mußte ihm unablässig bestätigen, daß er so unfehlbar war, wie er selbst sich sah. Er verlangte, daß ich ihm in allen Dingen recht gab und mich in allen Dingen seiner Meinung anschloß, auch wenn sie oft ziemlich lächerlich war. Für ihn war alles, was sich nicht mit seiner Meinung deckte, ein übles Lügengespinst, ein Netz des Satans. Wo sein Reich aufhörte, fing das Reich des Bösen an, wo sein kleines Licht nicht hinleuchtete, war Finsternis. Genau wie dort oben.« Er deutete unbestimmt über die Schulter zurück. »Nun, solange du sehr klein bist, glaubst du natürlich, daß Eltern alles wissen und können, aber später kommst du drauf, daß auch die allerbesten Eltern nur Menschen und keine Halbgötter sind ... und wenn sie kluge Eltern sind, dann geben sie das bereitwillig zu. Nur - mein Vater duldete das nicht. Wenn ich ihm widersprach oder einmal nicht gerade das traf, was er als Wahrheit verkündete, dann beschimpfte er mich aufs gröbste, nannte mich einen verhungerten Klugscheißer, einen Trottel, dem die Würmer das Hirn aufgefressen hätten ... lauter solche Dinge. Es war nicht zum Aushalten.«

»Aber warum war er so?« flüsterte Letty. »Ich meine, war er ein schlechter Mensch oder -«

»Nein, das glaube ich gar nicht«, sagte Janek. »Ich glaube, er war so, weil er selbst Angst hatte. Er war so - *starr*. Er konnte sich nicht biegen, nur brechen. Er konnte nie zugeben, daß er irgend etwas nicht wußte oder sich geirrt hatte, auch wenn es nur um eine Kleinigkeit ging, denn dann hätte er erkennen müssen, wie lächerlich seine Vorstellung war, ein Übermensch zu sein.«

»Und du meinst, die Barsonys sind genauso?«

»Ja. Du bist ja nicht so lange im Schloßhotel gewesen, aber du hast wohl schon gemerkt, wie's dort ging: *Wir wissen alles, wir erkennen alles, aus uns spricht der Heiland selbst, also was wollt ihr dagegenmeckern.*«

Letty grinste trotz ihrer Angst. »Ja, genauso klang's.« Dann wurde sie ernst. Das Wasser stieg ihr in die Augen, als sie flüsterte: »Es war so grausam, was sie mit Christian und Terry gemacht haben.«

Er streckte die Hand aus und strich ein- oder zweimal mit einer zärtlichen Geste über ihr Haar. »Ja, das war grausam, und trotzdem glaube ich, daß es gut war - dein Bruder hat seine Lektion gelernt, er hat jetzt begriffen, was hinter all dem großartig frömmelnden Gerede wirklich steckt, nämlich leere Luft. Er hat noch nicht allzuviel verloren. Stell dir vor, es wären ihm erst in Südamerika die Augen aufgegangen! Er wäre - aber pst! Ich glaube, da kommt ein Auto. Mal sehen, ob es dein Vater ist.«

Es war tatsächlich Albert Rehbecks dunkelblauer Mercedes, der in scharfem Tempo die Landstraße entlangkam und auf den Bahnsteig herauffuhr. Die Rücklichter blinkten dreimal. Rehbecks massige Gestalt tauchte aus dem Inneren des Wagens auf. Er hielt eine Taschenlampe in der Hand, mit der er suchend nach allen Seiten leuchtete.

»Hier bin ich, hier!« Letty sprang hinter dem kniehohen Giebelchen auf und schwenkte lebhaft die Arme. »Ich komme gleich runter!«

Gleich darauf standen sie und Janek unten auf dem Kies. Albert Rehbeck nahm seine Tochter nicht in die Arme, er sagte nur barsch: »Na, bin ich froh!«, schüttelte Janek die Hand und schob alle beide in den Fond des Wagens. Der Motor brüllte auf, als er mit quietschenden Reifen und in einem Hagel von Kieselsteinchen den Bahnhof verließ. Das lange schwarzgraue Asphaltband der Landstraße leuchtete im Licht der Scheinwerfer auf.

Sie waren kaum einen Kilometer gefahren, als aus der Richtung, in der das Schloßhotel lag, zwei Polizeiautos und eine Ambulanz auftauchten und mit rotierendem Blaulicht an ihnen vorbeifuhren.

Janek legte den Arm um Lettys Schultern, und sie kuschelte sich, zermürbt und übernächtigt, an ihn. Es tat gut, in seiner Nähe zu sein.

Jeder geht seinen Weg

Vier Wochen später stand Letty Rehbeck zwischen ihrem Vater, dessen Rechtsanwalt und Janek auf der Galerie über der riesigen Marmorhalle des Flughafens und wartete auf ihre Mutter, um von ihr Abschied zu nehmen. Weder Terry noch Christian waren gekommen. Terry lag immer noch im Spital, außer Lebensgefahr, aber sehr schwach. Christian hatte eine Gehirnerschütterung, eine gebrochene Hand und ein paar schmerzhafte Prellungen davongetragen. Er hatte sich im Spital verarzten lassen und war dann zu einem ehemaligen Studienkollegen gezogen. Mit seinem Vater hatte er kein Wort gesprochen, und Albert Rehbeck hatte nicht nachgefragt, wie es seinem Sohn ging.

Letty blickte in das Gewühl der Reisenden hinunter. Von allen Seiten strömten Menschen durch die großen, offenen Flügeltüren, fuhren Rolltreppen hinauf und hinunter und eilten mit Koffern und Reisetaschen zu den Flugschaltern. In Kürze würden auch die Mitglieder von PLUS LUCIS hier eintreffen, um ihr Flugzeug nach Santiago de Chile zu besteigen. Letty war überzeugt, daß ein paar Reporter in der Menge unten warteten - wahrscheinlich an den Tischchen der Cafeteria -, um Fotos zu schießen und noch einmal den Versuch zu machen, ein Interview zu bekommen. Erst hatte die Presse auf eine große Story gehofft, als bekannt wurde, daß die Gendarmerie in einem nächtlichen Einsatz den Zutritt zum Schloßhotel erzwungen hatte, aber Alexander Barsony und Onkel Tommy waren viel zu gerissen, um sich fangen zu lassen.

Barsony hatte auf alles eine Antwort gehabt. *Wir tun hier nichts Ungesetzliches ... wir stellen spirituelle Heilmittel her. Das ist nicht verboten. Wir glauben eben daran, daß geweihtes Wasser - und nichts anderes ist es - heilsamer ist als die schädlichen Drogen der Schulmedizin ... ja, ich habe den Burschen niedergeschlagen, das gebe ich zu; als er meine alte und kränkliche Schwester aufs übelste beschimpfte, habe ich mich nicht länger beherrschen können ... wenn das bestraft werden muß, dann bestrafen Sie mich. Und was das junge Mädchen anging - wir haben sie weder gejagt noch verfolgt. Sie hatte ihrer Mutter gesagt, sie fühle sich nicht wohl, also waren wir besorgt, als sie längere Zeit nicht mehr auftauchte, und suchten nach ihr. Und als wir dann herausfanden, daß sie mit einem Küchenburschen getürmt war, war ihre Mutter natürlich außer sich und flehte uns an, ihr Kind unbeschadet zurückzubringen.*

Zuletzt war von dem Skandal nichts übriggeblieben als eine unerfreuliche Scheidungsverhandlung, bei der Letty ihrem Vater zugesprochen wurde. Evelyne Rehbeck durfte mit ihrer Tochter keinen Kontakt mehr aufnehmen. Deshalb hatte Albert Rehbeck darauf bestanden, daß sie hier oben auf der Galerie warteten, und deshalb war er - in Begleitung seines Anwalts - überhaupt mitgekommen. »Damit sie dich nicht im letzten Moment noch in ihre Klauen kriegt«, hatte er gesagt. Jetzt warf er alle zwei Minuten einen ungeduldigen Blick auf die Uhr und trommelte mit den Fingern auf die marmorne Brüstung.

»Ich werde froh sein, wenn das alles vorbei ist«, sagte er zu seinem Begleiter. »Wenn ich ehrlich bin - meinetwegen hätte sie Christian mitnehmen können. Ich habe nichts als Ärger mit dem Jungen. Kein Kern, wissen Sie, nichts wirklich Männliches. Ein Schlaffi, aus dem nie was werden wird. Wenigstens ist er volljährig, sonst hätte ich mich seinetwegen auch noch herumstreiten müssen.«

Janek, der nachdenklich in die Menschenmenge hinuntergestarrt hatte, hob den Kopf und blickte ihn an. In seiner Stimme schwang Überraschung mit, als er sagte: »Ich glaube nicht, daß Ihr Sohn ein ›Schlaffi‹ ist, Herr Rehbeck. Ich weiß zwar nicht, wie feige oder mutig er sonst ist, aber er war sehr mutig, als er Barsony und der Prophetin vor allen Leuten entgegentrat, um seiner Freundin zu helfen. Ich weiß nicht, ob ich - oder Sie - denselben Mut gehabt hätten.«

Letty freute sich, daß er das sagte, aber Albert Rehbeck grunzte nur mürrisch und warf dem jungen Mann einen unfreundlichen Seitenblick zu.

»Nun, Herr Rehbeck«, bemerkte der Rechtsanwalt mit einem dünnen Lächeln, »Ihre Ex-Frau hat kaum Chancen, ihren Sohn jemals wiederzusehen - und das Mädchen schon gar nicht. Familienrichter sind keine großen Freunde obskurer kirchlicher Niederlassungen im fernen Ausland.«

Janek mischte sich von neuem ein. »Würde es Ihnen etwas ausmachen, über das Thema zu sprechen, wenn Letty nicht anwesend ist?«

Die beiden Älteren musterten ihn voll Mißbilligung. »Sie brauchen sich da nicht mausig machen, junger Mann«, sagte Rehbeck. »Für das, was ich Ihnen schuldig bin, habe ich Ihnen danke schön gesagt, und damit genug. In meine Angelegenheiten brauchen Sie sich deshalb noch lange nicht einzumischen. Merken Sie sich das -«

Hinterher erschrak Letty über sich selbst - aber in dem Moment war sie so aufgewühlt und so ängstlich und so betrübt, daß sie herausplatzte: »Ich bin nicht deine Angelegenheit, Vati. Ich bin *meine* Angelegenheit. Ich -«

Sie kam nicht weiter, denn unten in der Halle brach eine heftige Bewegung aus. Fröhliche Musik ertönte, und eine Schar von achtzig oder hundert Menschen kam in Zweierreihen herein. An ihrer Spitze wurde die blumengeschmückte Sänfte getragen. Mutter Mariella saß in ihrer üblichen Aufmachung auf dem Thron und winkte mit gemessenen Gebärden links und rechts in die Menge, aber sie war nicht allein. Vorne in der Sänfte stand mit erhobenen Händen und strahlendem Lächeln Anna Barsony in einem schneeweißen Kleid und stahl der alten Prophetin die Show. Ihr Vater und Onkel Tommy folgten der Sänfte zu Fuß. Die beiden Männer trugen Blumensträuße im Arm, und alle die Auswanderer, die ihnen folgten, hatten Blumensträußchen und weiße und rosa KreppPapierstreifen an die Gepäckstücke gesteckt. Eine fiebrige Heiterkeit lag auf den Gesichtern der Menschen, sie riefen »Halleluja!« und lachten, manche lachten und weinten zugleich. Evelyne Rehbeck tauchte auf. Wie alle anderen, war sie ganz in Weiß gekleidet, aber sie trug einen üppigen Blumenkranz in ihrem lockigen Haar. Sie schien außer sich vor Aufregung, sie tänzelte von einem Fuß auf den anderen und schwang ihr Köfferchen von einer Hand in die andere, während sie mit der freien Hand in der Luft herumfächelte.

»Sie benimmt sich, als wäre sie besoffen«, bemerkte Albert Rehbeck verächtlich. »Komm, Letty ... das reicht.«

Janek sagte leise: »Herr Rehbeck, Letty sieht ihre Mutter wahrscheinlich zum letzten Mal. Warten Sie noch.«

Albert Rehbeck fuhr herum. »Jetzt hören Sie mal - Sie fangen an, mir ganz schön lästig zu werden, junger Mann. Aber meinetwegen - also komm schon - da, mach deiner Mutter Winke-winke, wenn dir was dran liegt.«

Letty spürte, wie ihr die Tränen in die Augen schossen. Sie blickte hinunter in die von Menschen wimmelnde Halle - ihre Mutter schien so fern, so winzig! Sie mußte den jähen Drang unterdrücken, die Marmortreppe hinunterzurasen und sich ihrer Mutter in die Arme zu werfen. Sie wußte, Evelyne Rehbeck würde sie wegstoßen. Ein paar Minuten noch, und sie würde verschwunden sein, für immer ...

»Mutti!« schrie sie gellend. »Mutti!«

Janek legte den Arm um ihre Schulter, ergriff ihre Hand und zog sie schützend an sich, als sie sich gefährlich weit über das Geländer beugte. Letty spürte es nicht. Ihr Blick hing an ihrer Mutter. Evelyne Rehbeck hatte den Aufschrei gehört. Sie war mitten im Schritt erstarrt und blickte zur Galerie hinauf. Ihr Gesicht war ausdruckslos. Ihr Blick erfaßte Letty. Sie fixierte sie wortlos, mit harten Augen. Dann wandte sie langsam das Gesicht ab, reihte sich wieder in die Schlange der Auswanderer ein und schritt, ohne sich noch einmal umzudrehen, hinter der Sänfte her. Gleich darauf verschwand der Zug in einem der Korridore, die zu den Gates führten.

Letty stand einen Augenblick lang reglos da. Dann verbarg sie das Gesicht an Janeks Schulter und verkroch sich in seinen Armen.

Kurz darauf saßen sie nebeneinander in der Cafeteria des Flughafens. Albert Rehbeck hatte nur gewartet, bis das Flugzeug mit den Auswanderern gestartet war, dann war er mit seinem Rechtsanwalt in die Stadt zurückgefahren und hatte es Janek überlassen, Letty vom Flughafen heimzubringen. Merkwürdig, dachte Letty: Ihr Vater gewöhnte es sich allmählich an, sie Janek anzuvertrauen. Vielleicht hatte er den jungen Mann insgeheim schätzen gelernt, denn nach ihrer Flucht aus dem Schloßhotel hatte er sich einmal sehr lange mit ihm unterhalten. Vielleicht war es ihm auch einfach am bequemsten so - es ersparte ihm jedenfalls ihre ständigen Streitereien mit Traude.

Letty starrte durch die riesigen Glasscheiben der Cafeteria auf das Flugfeld hinaus, auf dem alle paar Minuten ein Flugzeug aufsetzte oder startete. »Was glaubst du, wo sind sie jetzt gerade? Meinst du, sie fliegen schon überm Meer?«

Janek zuckte die Achseln. Dann legte er den Kaffeelöffel weg, mit dem er umgerührt hatte, streckte die Hand aus und streichelte sanft Lettys Arm. »Versuch, nicht daran zu denken. Deine Mutter ist ihren Weg gegangen, und du gehst deinen, und nur Gott allein weiß, was ihr richtig oder falsch gemacht habt. Schau auf deinen eigenen Weg. Weißt du schon, wie es nach den Ferien weitergehn wird?«

Letty nickte. »Ich komme in ein Internat, und das ist mir ganz recht. Die Woche über bin ich in der Schule, aber Samstag und Sonntag kann ich nach Hause fahren - wenn ich will. Oder Besuch bekommen.«

Er lächelte sie an, daß sie die Zahnlücke im Oberkiefer sah. »Und wo ist dein Internat? In der Schweiz? In Frankreich? Wo gehen reiche junge Mädchen hin?«

»Unsinn.« Letty klopfte ihm mit dem Kaffeelöffel scherzhaft auf die Hand. »Es ist ein ganz gewöhnliches Internat, hier in der Stadt - du kannst mit der Straßenbahn hinfahren.« Plötzlich wurde sie rot und verlegen. »Ich meine - wenn du Lust hast, mich mal zu besuchen, kannst du mit der Straßenbahn hinfahren. Wenn du nicht grade furchtbar viel zu tun hast.«

»Ich glaube, ich werde immer grad so viel zu tun haben, daß mir Zeit für einen Besuch bei dir bleibt. Schließlich haben wir gemeinsam ein Abenteuer bestanden, das verbindet, nicht wahr?«

»Ja. Da hast du recht.« Letty wandte den Kopf zum Fenster. Ein großer silberner Vogel tauchte mit dröhnenden Motoren aus dem Himmel herab und setzte auf der zunächst liegenden Landebahn auf. Wo war Mutti jetzt? Saß sie mit ihrem Blütenkranz im Haar am Fenster und blickte durch das kleine Bullauge auf Spanien hinab, oder auf Afrika, oder auf den Atlantischen Ozean ...? Sicher freute sie sich auf ihr Landstück in Chile, auf das *Reich der Gerechten*. Letty wischte sich mit dem Handrücken über die Augen. Sie schüttelte heftig den Kopf, als sie den Schmerz fühlte, denselben inneren Schmerz wie am Tag der Scheidungsverhandlung, als ihre Mutter nur kurz im Gerichtssaal aufgetaucht war und verkündet hatte, sie überlasse alle Regelungen ihrem Anwalt. Sie hatte Letty keinen Blick geschenkt, als sie wieder hinausgeeilt war.

»Ich muß dich was fragen«, sagte Letty.

Janek biß herzhaft in sein Schinkenbrötchen. »Na, dann frag«, sagte er mit vollem Mund.

»Ich ...« Sie wußte nicht recht, wie sie anfangen sollte. »Mir ist etwas Merkwürdiges passiert - damals, in der Nacht im Schloßhotel, weißt du.«

»Mhm?« Er legte, immer noch kauend, aufmerksam den Kopf schief.

»Ich war damals oben auf der Insel ... bei der großen gläsernen Christusstatue. Und ich - ich habe Gott gefragt, was ich tun solle, was richtig sei. Und da ging plötzlich das Licht in der Figur aus. Ich - ich dachte, das heißt vielleicht, ich solle weggehen. Was meinst du?«

Janek schluckte, wischte sich den Mund mit dem Handrücken ab und zuckte dann die Achseln. »Weißt du, Letty ..., du führst mich jetzt in Versuchung. Im Moment sitzt mir ein kleiner Teufel auf der Schulter und sagt mir ins Ohr: ›Na klar, sag ihr doch, Gott hätte ihr eine Botschaft geschickt und bestätigt, daß du recht hattest, das wird ihr wahnsinnig Eindruck machen, und sie wird dir in Zukunft alles glauben, was du ihr erzählst!‹ Aber da sage ich Nein.« Er machte eine Bewegung, als schnippte er mit zwei Fingern etwas von seiner Schulter weg, und lachte. Dann wurde er ernst. »Um ehrlich zu sein - ich weiß es nicht. Hast du nie gelesen, was in der Bibel steht? ›Du fühlst den Wind und hörst sein Sausen, aber du weißt nicht, woher er kommt und wohin er weht‹ - ganz wörtlich weiß ich's nicht mehr. Ich weiß nicht, ob Gott dir eine Botschaft geschickt hat oder ob bloß die Lichtleitung kaputt war, oder ob Gott die kaputte Lichtleitung benützt hat, um dir eine Botschaft zu schicken. Ich bin keine Mutter Mariella, die dir sagen könnte: Das und jenes hat Gott gesagt, so und so ist's recht - nein, das bin ich nicht. Und ich will's auch gar nicht sein. Ich -« Plötzlich runzelte er die Stirn und spähte angestrengt über ihre Schulter hinweg. »Schau mal ... ich glaube, da kommt dein Bruder.«

Letty fuhr herum. Es war tatsächlich Christian, der die Cafeteria betrat. Letty, die sich so sehr daran gewöhnt hatte, ihn ganz in Weiß zu sehen, betrachtete erstaunt sein blumengemustertes Hemd und das auffallend türkisgrüne Sakko, das er zu schwarzen Jeans trug. Er sah sie, blieb stehen, machte eine Bewegung, als wollte er umkehren und fortrennen, kam aber dann widerwillig auf sie zu.

»Hallo, Tüpfel«, sagte er.

»Hallo«, antwortete Letty. »Und du weißt, ich mag nicht ›Tüpfel‹ heißen. - Komm und setz dich her.« Als er zögerte, griff sie nach seiner Hand und zog ihn energisch an ihre Seite.

Christian ließ sich auf den Stuhl fallen. Seine blaugrünen Augen betrachteten Janek ziemlich unfreundlich. »Tag!« sagte er. »Sie gehören ja fast schon zur Familie, wie's aussieht? Naja - das hat meinem Vater wohl sehr imponiert, daß Sie so tapfer gegen PLUS LUCIS aufgetreten sind, nicht wahr? Da lagen Sie ja ganz auf seiner Linie, nicht?«

Janek zuckte die Achseln. »Vielleicht ... allerdings war er ziemlich enttäuscht, daß ich ansonsten überhaupt nicht auf seiner Linie liege. Aber das soll mich nicht kümmern. - Wie geht es Ihnen denn?« Er wies mit einer Kopfbewegung auf Christians rechtes Handgelenk, das in einer Gipsbandage steckte. »Und Ihrer Verlobten?«

»Terry erholt sich. Und ich bin um einiges klüger geworden.« Christian wollte weitersprechen, unterbrach sich aber und schluckte schwer. Seine Mundwinkel zuckten. »Ich glaubte bis zuletzt nicht, daß Mutti wirklich nach Südamerika gehen würde«, stammelte er mit erstickter Stimme. »Ich dachte, sie würde ... es sich überlegen ... mein Gott, und die Frau wagte zu behaupten, sie liebe ihre Kinder!«

Janek betrachtete ihn in wortlosem Mitgefühl. Eine ganze Weile saßen sie einander schweigend gegenüber, bis Janek schließlich fragte: »Was machen Sie jetzt?«

Christian hob mit einer vagen Gebärde die Hände. »Weiß nicht ... mir ist alles ziemlich egal.«

»Werden Sie weiterstudieren?«

»Nein. Keine Lust. Das jedenfalls hab ich bei PLUS LUCIS gelernt, daß ich nicht wie mein Vater werden will - auch wenn ich sonst mit Gott fertig bin.«

»Warum gerade mit Gott?« fragte Janek. »Was hat der denn damit zu tun? Ich hab nie was von PLUS LUCIS gehalten, aber das ändert nichts dran, daß mir Gott sehr viel wert ist.«

Christian starrte ihn mit halboffenem Mund an. Dann lachte er freudlos. »Ach nein! Da sitzt schon der nächste am Tisch!« Seine Stimme wurde von Wort zu Wort wütender. »Na, dann lassen Sie mal die Katze aus dem Sack, Herr Janek: Was haben Sie mir denn für einen Superguru und Obergötzen anzubieten?«

»Christian!« rief Letty erschrocken, aber er achtete nicht auf sie. Es war, als kochte die ganze Wut der letzten Wochen in ihm über, als er aufsprang und sich über den Tisch beugte.

»Noch ein Prophet, ja?« schrie er Janek an. »Noch ein Gerechter, der einmal strahlend zum Himmel aufsteigt, während das dumme Volk auf der Erde ihm nachgafft? Auch schon mal Stimmen gehört, ja? Engel gesehen? Wunderheilungen mit Leitungswasser durchgeführt?« Im nächsten Augenblick klatschte der Schlag. Sein Handrücken traf Janek so scharf im Gesicht, daß der junge Mann vor Schmerz aufschrie und beiseite fuhr. Seine Kaffeetasse kippte um, eine Pfütze brauner Flüssigkeit troff auf den Boden. Alle Köpfe im Lokal wandten sich um. Dutzende vorwurfsvolle Augenpaare starrten die beiden Männer an.

Christian sank, selbst erschrocken über seine unbeherrschte Wut, auf seinen Stuhl zurück.

Janek blickte ihn voll an. »Sie haben mich zu Unrecht geschlagen«, sagte er. Seine Stimme klang erstaunlich ruhig.

Christian antwortete nicht. Er griff nach einer der Servietten und tupfte mit krampfhaft zitternden Fingern die Kaffeepfütze auf. Auf seinen Wangen brannten rote Flecken, als sei er derjenige, der eine Ohrfeige abbekommen hatte.

»Sie haben mich zu Unrecht geschlagen«, wiederholte Janek, immer noch ganz ruhig. »Und Sie haben mir ungerechte Vorwürfe gemacht, ich bin nichts von alldem, was Sie behaupten.«

»Was sind Sie dann?« stieß Christian hervor.

»Das können Sie leicht selber feststellen, wenn Sie mir zuhören und prüfen, was ich sage. Aber ich glaube, wir sollten hier lieber gehen, wir haben sehr unangenehmes Aufsehen erregt.«

Das stimmte; der Kellner, der sofort herbeigeeilt kam, war sehr unfreundlich zu ihnen, und die Gäste sahen ihnen kopfschüttelnd nach, als sie die Cafeteria verließen. Letty schämte sich, und sie war wütend auf Christian, der sich so schlecht benommen hatte. Christian schämte sich auch.

»Tut mir leid, daß ich auf Sie losgegangen bin«, entschuldigte er sich, während sie mit der Rolltreppe in die Halle hinunterfuhren. »Aber ich - ich bin völlig mit den Nerven fertig.«

Janek ergriff seinen Arm. »Okay, ich werd's überleben. Aber ich würde sagen, wir setzen uns in Ruhe zusammen und reden die Sache aus, was meinen Sie?«

Christian nickte. Nach seinem jähen Wutausbruch wirkte er völlig erschöpft. »Ist recht.«

Gemeinsam gingen sie durch die Halle. Als sie die großen Glastüren erreichten, die ins Freie führten, blieb Letty stehen. Auf dem gesprenkelten Terrazzoboden der Abfertigungshalle lag eine einzelne rosa Blüte, wie ihre Mutter sie im Haar getragen hatte. Letty wollte sich bücken und die Blüte aufheben, aber sie kam zu spät. Die Füße von Passanten gingen darüber, die Räder eines Gepäckkarrens rollten darüber hinweg, und als sie wieder hinsah, war von der rosa Blüte nichts geblieben als ein jämmerlicher zerquetschter Rest auf dem kalten Steinfußboden.